다문화 시대의 지역 발전과 장소 마케팅

다문화 시대의 지역 발전과 장소 마케팅

송민혜 · 양승범 · 권용수

도서출판 대영문화사

이 저서는 2010년도 정부의 재원(교육부 인문사회연구역량강화사업비)으로 한국연구재단의 지원을 받아 연구되었음 (NRF-2010-330-B00251).

머리말

21세기 세계화의 흐름으로 인한 자본과 인력의 국제적 이동이 국경을 초월하여 이루어지면서 세계 각국에 많은 변화를 초래하였다. 특히 우리나라에서의 주목할 만한 변화는 외국인의 유입이 크게 증가하였다는 것이다. 이는 내국인 노동력에 대한 인건비 상승과 3D 직종에 대한 기피로 인하여 국내 산업 현장에서의 노동력 부족으로 외국인 근로자들이 활발히 유입되기 시작한데서 그 원인을 찾을 수 있다. 최근에는 저출산과 고령화로 인한 노동력 부족으로 외국인의 국내 유입이 증가하게 되었으며, 농촌 지역 결혼 적령기 성인의 성비(性比) 불균형으로 인한 결혼 이민자 수도 꾸준히 늘어나면서 국내 유입 외국인들이 급격히 증가하게 되었다.

2000년대 초반까지만 해도 국내에 거주하는 외국인 주민들에 대한 처우나 상황이 큰 이슈로 다루어지지 않았고, 정책적 지원이나 관리 또한 체계적으로 이루어지지 못하였다. 우리나라는 예로부터 '단일민족'이라는 인식이 상당히 강하였고 외국인에 대하여 조금은 배타적인 모습을 보여 왔다. 물론 서양과 동양 혹은 우리 인식 속의 선진국과 후진국에 대한 편견으로 인하여 피부가 하얀 금발의 서양인들에게는 관대한 모습을 보이면서도 까무잡잡한 피부의 동남아시아인들이나 아프리카인들에게는 이들을 경계하고 낮추어보는 시각이 적지 않았다.

그러나 지속적으로 증가하는 국내 유입 외국인 수와 함께 세계화와 개방화에 따른 문화 다양성의 문제가 널리 인식되면서 이제는 우리나라에서도 다문화 공존에 대한 문제가 본격적인 사회적 이슈로 주목받게 되었다. 단일민족을 강조하며 외국인에 대하여 비교적 배타적인 시각을 가지던 행태에서 벗어나 이제는 진정 이들을 우리 국민으로 받아들이고 다양한 문화와 인종과의 공존을 통하여 국가 발전을 모색하여야 하는 상황에 놓이게 된 것이다.

그렇다면 우리가 어디서부터 어떻게 다문화 공존의 장을 형성하고 더불어 사는 방법을 모색해 볼 수 있을 것인가? 이에 대한 해답은 각 국가와 지방정부, 국민들의 노력 여하에 달려 있다고 볼 수 있다. 일단 내 주변부터, 내 지역부터 외국인 주민과 내국인 주민들이 서로를 이해하고 공존하려는 노력이 필요하다. 외국인 밀집 지역의 경우는 더욱 그러하다. 문화가 다른 외국인들이 하나둘 모여들면서 내국인들의 거주지에 형성되는 이들만의 밀집 지역은 굴러온 돌이 박힌 돌을 빼내느냐, 아니면 상생하면서 발전해 가느냐에 따라 다문화 공존 지역의 지역 발전에도 영향을 미치게 된다. 다인종·다문화 공존 지역으로 거듭날 수 있는지 아니면 서로 단절된 채 게토화되어 고립될지는 외국인 밀집 지역이 속해 있는 해당 지역 이미지에도 커다란 영향을 미치기 때문이다.

프랑스인 거주지가 있는 서래마을이나 리틀 도쿄라고 불리는 동부이촌동 일본인마을 등은 외국인 밀집 거주지가 형성되면서 생겨난 음식점과 카페 등이 그 나라만의 독특한 분위기를 형성하였다. 본래 살던 지역 주민들과도 별다른 갈등을 겪지 않았으며, 자연스레 서울 속의 프랑스, 서울 속의 일본을 연상케 해 주었다. 이들 지역은 이 지역을 방문하는 사람들에게는 다양한 문화를 느낄 수 있는 이국적인 장소가 되었으며, 해당 지역에 대한 긍정적 이미지는 사람들을 끌어들이기에 충분하다.

그러나 이와 반대로 외국인 밀집 지역이 문화적 차이로 인하여 본래 거주하던 지역 주민들과 갈등을 겪으며 오히려 이전보다 더욱 낙후되고 게토화되는 지역도 존재한다. 이러한 지역에서의 범죄 발생 소식이나 낙후된 환경은 해당 지역에 대한 부정적 이미지를 형성하며, 원주민의 다른 지역으로의 이탈을 초래하는 등 지역 발전에도 부정적 영향을 미칠 수밖에 없게 된다.

그러므로 국가 차원에서 다문화에 관심을 가지고 외국인 주민들에 대한 지원을 강화하고 상생을 강조하는 이러한 흐름 속에서 누구보다도 다문화 공존 필요성을 절실히 느끼고 있는 것은 외국인 밀집 지역의 지방정부들이다. 세계화와 지방화 속에서 가속화되고 있는 경쟁 상황에서 이들 정부는 지역 발전과 다문화 공존의 병행을 모색하여야 하기 때문이다. 다인종·다문화가 어우러진 공간을 가지고 있다는 것은 다문화 시대의 지역 발전 모색에 큰 장점으로 작용할 수 있다. 그러나 더욱 중요한 문제는 이러한 기회를 어떻게 활용하고 전략적인 방안을 마련할 수 있을 것인가이다.

우리 사회가 매우 빠른 속도로 다문화 사회로 진입하는 와중에도 불비한 제도와 인식 속에서 사회 구성원 모두가 새로이 변모되는 환경에 적응해 온 것이 현실이었다고 볼 수 있다. 다행히, 우리 사회의 각처에서 다문화 사회로의 전이를 대비하고, 지원하는 제도와 연구들이 활성화되고 있으며, 이 연구서도 이러한 경향을 반영하는 하나의 노력으로 볼 수 있다.

이 연구서는 이러한 점에 착안하여 다문화 시대에 지역 발전을 위한 방안으로 장소 마케팅을 활용한 전략 수립과 모색에 대하여 분석해 보고 있다. 각 지장정부들이 다양한 다문화 정책을 수립하여 추진해 오고 있는데, 이 연구서에서 다루고 있는 장소 마케팅도 지방정부들의 지역 발전을 위한 장소 마케팅에 안산 지역의 다문화 거주 특성을 연계한 맞

춤형 정책으로 지역 단위의 마케팅 전략과 다문화 정책이 어떻게 조화되어야 하는지를 보여주는 좋은 정책 사례라 할 수 있다.

해당 지역이 가진 독특하고 다양한 문화의 활용은 지방정부가 그들이 처한 현실을 객관적으로 파악하고 이를 극복하고 발전시키기 위하여 적극적으로 노력한 결과 나타나게 된다. 다문화에 대한 관심과 연구가 활발히 이루어지고 있는 현 시점에서 지방정부가 다문화 공존을 추구하면서 사회 통합과 지역 활성화 및 경제 성장을 함께 이룩하기 위해서는 다문화적 특색을 강조하면서 지역 발전에 이바지할 수 있는 전략에 대한 분석이 필요하다. 이는 향후 다문화 공존과 지역 발전에 대하여 고민하고 있는 지방정부에 여러 가지 돌파구를 마련할 수 있는 아이디어를 제공해 줄 수 있다는 데 그 의의가 있으며, 이 연구서가 조금이나마 도움이 되었으면 하는 바람이다.

2013년 5월

저자 일동

차 례

제1장

서 론

제1절 연구의 배경 및 목적

우리나라로 유입되는 외국인 수가 크게 늘면서 더 이상 외국인들은 이방인이 아닌 우리의 이웃으로 자리 잡고 있다. 주말이면 혜화동에는 필리핀 장터가 열리고, 영등포구와 구로구에는 연변거리, 차이나타운 등이 들어선다. 베트남 거리, 몽골 타운, 네팔 거리, 일본인 거리, 프랑스 마을 등 다수의 타운이 외국인 주민들에 의하여 들어서면서 서울은 여러 문화가 공존하는 도시가 되었고, 이는 인천 차이나타운, 부산 차이나타운, 안산시 원곡동 일대 등 지방 도시들도 마찬가지이다.

그러나 개방화와 세계화 속에 이미 우리나라에 다양한 문화가 공존하고 있음에도 불구하고, 문화적 차이와 편견, 외국인에 대한 거리감

등은 아직까지 사람들의 의식 속에 남아 있다. 특히 외국인 노동자들과 결혼 이주 여성들 대부분의 출신지가 동남아시아 국가들에 치우쳐 있기 때문에 이들에 대한 편견은 더하다. 외국인 주민들과의 문화적 차이와 밀집 지역에 발생하는 사회 문제는 외국인들의 거주 지역에 대한 거부감을 일으키게 하고 적대적인 입장을 취하도록 한다. 이러한 현상은 외국인 주민들과의 거리감을 더욱 넓히며, 다문화 시대 사회 통합을 저해하고 사회적 갈등을 심화시킨다.

또한 지방정부들에 이러한 외국인 거주 지역은 우범지대로 인식되어 지역 이미지를 하락시키고, 지역 주민들의 유출로 인하여 지역에 인적·경제적 손실을 안겨주고 있다. 따라서 다문화 시대 지방정부들은 이러한 이미지를 긍정적 이미지로 전환하는 사업을 시도하거나, 대대적인 정비 사업을 통하여 지역 발전 및 지역 주민들과 외국인 주민들 간의 통합 방안을 모색해 봐야 한다. 특히 우리나라가 이미 다문화 사회로 접어들었고 이에 대한 체감은 지방자치단체에서 더 빠르게 느끼고 있다. 그러므로 이러한 사실에 비추어보았을 때, 외국인 주민들을 지역 주민의 한 사람으로 끌어안는다는 것, 즉 외국인 주민과 지역 주민과의 통합은 노동력의 활용이나 문화적 다양성 측면에서도 국익에 크게 도움이 되는 일이라 할 수 있다.

특히 지역 주민들이 체감하는 공정하고 능률적인 제도는 주민들의 공동체 의식 및 국민적 일체감을 배양하는 데 긍정적 영향을 미친다(Letki, 2006: 309). 그러므로 다문화 시대에 대한 체감이 좀 더 강하게 다가오는 지방정부 차원에서 시민들에게 정당성과 믿음을 줄 수 있고, 사회적 결속력과 정체성을 높이기 위하여 좋은 정부로서의 역할을 다하여야 한다(Huysseune, 2003). 이는 외국인 주민들과 우리나라 주민들 간의 결속력과 일체감을 높이기 위한 노력에 대해서도 마찬가지이다. 그리고 이러한 노력은 정부의 정책이나 제도를 통하여 나타나게 된다. 그러므로 지방자치단체들이 지역 발전 및 지역 주민들 간의 통합에 대하여 끊임없는 고민을 하지 않으면 안 되는 상황에서 이들은 스스로 지역의 특색을 발굴하여 개발하고 활성화시키려는 노력이 없으면 성장할 수 없게 되는 것이다. 따라서 다문화 공존 시대의 지방정부들은 외국인 주민과 지역 주민 간의 통합을 위해서라도 스스로 매력적인 도시로 탈바꿈하여 지역 이미지를 개선하고 지역 경제를 활성화시키려는 노력이 필요한 것이다. 지역 발전이라는 공동의 목표 달성을 위하여 외국인 주민과 지역 주민이 합심하는 과정에서 이들에 대한 편견이나 부정적 시각이 변화될 가능성이 얼마든지 존재하고 외국인 주민들 또한 본인이 지역 발전에 이바지한다는 자긍심을 느낄 수 있기 때문이다. 또한 이러한 노력들은 지역 주민 외에 해당 지역을 방문하는 방문객들에게도 다문화 사회에 대한 긍정적 인식을 심어줄 수 있기 때문에 국가 전체적인 국민 통합과 사회 통합에 기여할 수 있는 것이다.

다문화적 특색을 지닌 지방정부들의 다문화 특색을 활용한 방안들은 공공 부문에서의 마케팅 기법 도입 및 이에 대한 적극적 활용을 통하여 가능해질 수 있다. 국가 경쟁력 강화 및 인적 자원 활용을 위해서도 외국인 주민들의 국민 통합 노력은 간과해서는 안 될 부분이며,

따라서 외국인 밀집 지역을 골칫거리로 바라보지 말고 지역 발전에 적극 활용할 수 있는 마케팅 대상으로 보아야 할 필요성이 있다. 여기서 지역 특성을 마케팅한다는 것은 해당 지역의 특정 장소에 대한 이미지를 판매하기 위한 노력이며, 이를 통하여 지역의 이미지를 제고하고 지역 경제를 활성화시키는 것을 의미한다. 이것이 장소 마케팅이며, 다문화 시대 국민 통합 및 사회 통합을 위하여 다문화 이미지를 활용한 외국인 밀집 지역을 관광자원으로 활용하고, 거주 혹은 방문 내국인과 외국인들의 소비를 촉진시키며, 나아가 다문화 통합의 장이 될 수 있도록 하는 수단이 된다.

이러한 맥락에서 이 연구는 다문화 시대에 외국인 밀집 지역의 지방정부들이 부정적 이미지를 벗고 외국인 주민과 지역 주민들, 나아가 국민 전체의 다문화 통합의 장으로서 새로운 다문화 도시로 거듭나기 위하여, 어떠한 발전 전략 수립과 집행이 시행되어야 하는지를 살펴보려 한다. 그리고 이를 위하여 안산시 다문화마을특구에 대한 사례를 고찰해 보고자 한다. 안산시 다문화마을특구는 전국 최대의 외국인 밀집 지역으로서, 다문화적 특성으로 인한 문제 해결 및 도시 운영에 여러 가지 노하우를 가진 모범적인 다문화 도시의 사례로 꼽히고 있다. 따라서 이들의 장소 마케팅 전략 수립과 시행 과정을 분석해 보는 것은 비슷한 고충을 겪고 있는 지방정부에 다문화 공존 시대에 걸맞은 지역 주민들의 사회 통합 및 발전 돌파구를 마련하는 데 여러 함의를 제공해 줄 수 있을 것이라 사료된다. 그리고 이러한 연구의 분석 결과를 중심으로 향후 다문화 특성을 가진 지방정부들이 장소 마케팅을 활용하여 지역 주민과 외국인 주민 간의 통합을 이루어내고 이와 더불어 경제적으로 발전할 수 있도록 하는 방안에 대하여 논의해 보고자 한다.

제2절 연구의 범위 및 내용

이 연구는 이론적 연구와 실증적 연구로 구분해 볼 수 있다.

먼저, 이론적 연구로서 공공 부문의 마케팅에 대한 개념을 살펴보고, 이 중 장소 마케팅의 의의 및 그 유형과 전략에 대하여 알아본다. 또한 공공 부문에서의 장소 마케팅과 지역 발전에 대한 선행 연구를 검토하고, 다문화 사회에서의 장소 마케팅에 대하여 살펴보고자 한다.

다음으로 실증적 연구로는 사례 연구를 들 수 있는데, 안산시 다문화마을특구를 대상으로 구체적인 장소 마케팅 사례 분석을 실시해 보고자 한다. 구체적인 내용은 다음과 같다.

첫째, 공공 부문의 마케팅에 대한 이론적 검토로서, 공공 부문의 마케팅에 대한 개념 및 공공 부문 마케팅과 장소 마케팅에 대하여 살펴보고자 한다. 또한 구체적으로 장소 마케팅의 유형 및 전략에 대하여 알아보고자 한다.

둘째, 공공 부문의 장소 마케팅과 지역 발전에 관한 선행 연구를 검토해 보고자 한다. 이를 통하여 이 연구의 분석을 위한 연구의 분석틀을 설정한다.

사례 분석을 위한 분석틀을 선행 연구를 통하여 선정한 다음 관련 기관의 협조 및 자료 수집을 거쳐 확보된 객관적인 자료들을 활용하여 사례 분석을 실시한다.

셋째, 수집된 자료를 분석하여 다문화마을특구의 장소 마케팅 전략에 대하여 분석해 본다,

넷째, 사례 분석을 통하여 도출된 시사점을 제공해 준다.

다섯째, 지금까지의 연구 결과를 요약하고 이에 대한 함의와 한계를 서술하고자 한다.

제3절 연구 방법

이 연구는 이와 같은 목적을 달성하기 위하여 기본적으로 기존의 연구 고찰 및 관련 기관 내부 통계 자료 수집 및 분석 등의 문헌 연구와 관련 기관에 관한 인터뷰 내용을 활용하였다.

첫째, 문헌 연구로서 기존의 연구 동향 및 관련 문헌을 검토하고, 공공 부문의 마케팅과 관련한 선행 연구를 검토하여, 공공 부문 마케팅과 장소 마케팅 관련 문헌 및 선행 연구를 고찰하고자 한다. 이를 통하여 장소 마케팅과 지역 발전에 관한 정보를 획득하고, 사례 연구에 활용될 분석틀을 설정해 보고자 한다.

둘째, 안산시 다문화마을특구를 대상으로 선정하여 지역 발전을 위한 장소 마케팅에 대하여 사례 분석을 실시한다.

사례 분석에서는 관련 기관에서 제공된 객관적 자료들을 활용하였으며, 관련 수집 자료와 관련 기관 공무원의 인터뷰 등이 활용되었다. 다문화마을특구를 대상으로 한 지역 발전과 장소 마케팅에 관한 사례 분석을 통하여 비슷한 처지에 놓여 있는 지방자치단체들의 해결책 모색에 실용성 있는 함의를 제공할 수 있도록 한다.

제 2 장

장소 마케팅과 지역 발전

제1절 공공 부문 마케팅과 장소 마케팅

1. 공공 부문 마케팅의 등장과 유형

공공 부문에서 마케팅은 이러한 기법이 지방정부의 관광산업이나 경제적 발전에 커다란 역할을 담당할 수 있는 여지가 있었으나 오랫동안 제한적인 것이었다. 1980년대에서야 관리주의가 대두되면서부터 비로소 교육과 건강과 같은 공공 서비스 분야와 관련하여 주목받기 시작한 것이 공공 부문에서의 마케팅이었다. 공공 부문 마케팅의 본질은 다음 세 가지 것으로 표현할 수 있다. 컨슈머리즘(consumerism)의 성장, 전략적 마케팅의 채택, 판촉 활동의 활용 등이 그것이다(Walsh,

1994: 63).

컨슈머리즘은 소비주의, 소비자주의, 소비자중심주의 등의 용어로 사용되는데. 이는 소비자 보호운동의 관점에서 정의되고 있다. 컨슈머리즘이 주목을 받기 시작하면서 공공 부문 서비스 관리에서도 이는 중요한 개념으로 대두되었다. 공공 서비스의 사용자는 고객이라는 인식에 따라 공공 서비스 전달에 대한 정부의 무반응이나 비능률성에 대한 비판이 제기되었고, 정부는 소비자의 요구에 즉각적인 반응이 필요하며 좀 더 효과적인 서비스 공급을 요청하였다. 이에 따라 컨슈머리즘은 공공 부문의 서비스 전달에서의 분권화, 소비자의 인식, 의사소통의 향상, 선택의 범위 확대와 보상 시스템 등의 도입을 소개하기도 하였다.

전략적 마케팅 접근 방법은 공공 부문 내에서의 경쟁 및 공공 부문과 민간 부문 사이의 경쟁으로 인한 필요성에 따라 발전된 것으로도 파악할 수 있다. 민간 위탁 등으로 인하여 정부가 공공 서비스를 독점적으로 공급할 수 있는 지위를 잃기 시작하면서 효과적인 서비스 공급에 대한 전략적 방법이 필요하게 되었다. 이로 인하여 마케팅의 전략적 접근 방법이 변화에 대응하는 데 필수적이라는 인식을 갖게 되었고, 또한 광고를 활용하여 정책에 대한 홍보나 판촉을 위하여 마케팅의 도입 및 활용이 필요하게 되었다. 즉, 정책의 홍보나 이에 대한 증진을 위하여 마케팅 기법의 도입과 적용이 유용하게 사용됨으로써 공공 부문 마케팅도 성장하게 되었다 (Walsh, 1994: 64-65).

즉, 공공 부문 마케팅은 컨슈머리즘의 성장과 정부 부문에서의 전략적 마케팅 적용 방법 도입에 대한 관심 증대로 인하여 발전하게 된 것이다. 정부가 공공 서비스를 전달하는 데에 시민을 고객으로 인식하고 이들의 요구에 맞는 서비스를 공급하기 위하여 노력하면서 민간 부문의 마케팅 기법에 관심이 증대되기 시작한 것이다. 즉, 공공 부문의 민영화나 민간 경영 기법의 도입은 더 나은 행정 서비스를 원하는 고객을 만족시키기 위하여 이전과는 다른 방식의 모색이 필요하게 되었다. 소비자의 기호를 파악하여 그들이 소비할 수 있는 물건을 파는 것이 공공 부문의 서비스 공급에도 그 도입 필요성이 논의되기 시작한 것이다, 변화하는 환경을 파악하고 시민들의 요구를 예측하여 공공 부문의 성과를 촉진하여야 하는 상황에서 공공 부문은 이를 위하여 상황분석, 목표 설정, 시장 분류, 시장 조사 수행 및 전략적 마케팅을 사용하게 된다.

공공 부문 마케팅은 정부 마케팅, 도시 마케팅, 비영리 마케팅 등 다양한 용어가, 사용되었는데, 공공 부문에 대한 마케팅 적용의 개념 정립 및 통일이 용이하지 않았기 때문이었다. 이에 대하여 버틀러와 콜린스(Butler & Collins, 1995)는 공공 부문이 무엇인지에 대한 합의가 어렵기 때문에 다양한 용어가 사용되고 있다고 설명하고 있으며, 대부분의 공공 부문 마케팅은 정책 목표 달성을 촉진하기 위하여 활용된다.

이러한 공공 부문 마케팅에 관한 정의에 대하여 박홍식(1997: 5)은 민간 부문 마케팅을 기업 마케팅이라고 한다면 공공 부문 마케팅은 정부 마케팅이라 부를 수 있을 것이라고 주장하였고, Mokwa(1981: 24)는 정부 마케팅이란 정부와 시민 사이에서 이루어지는 가치있는 것들의 교환 과정으로 보았다. 또한 마케팅의 개념은 둘 이상의 당사자가 있어야 하고, 각 당사자들 사이에 불만족 요소가 있어야 하며, 각 당사자들은 상대를 만족시킬 수 있는 가치의 것을 제공할 수 있어야 하고, 제공물에 대한 의사소통과 전달이 가능하며, 이에 대한 거절이나 선택의 자유가 있어야 한다고 설명하였다. 또한 노시평 외(2000: 117)는 공공 서비스 마케팅을 비영리 조직이 상품이나 서비스를 생산하거나 아이디어를 창출하여 가격을 책정하고, 소비 주체인 국민에게 이들에 관한 정보를 제공하여 소비자와 생산자 간에 만족스러운 교환을 조장하고 촉진함을 목적으로 하는 개인적·조직적 활동들의 집합이라고 정의하였다. 에니스(Enis, 1981)는 민간 부문의 이윤 추구 목적과는 달리 공공재나 공공 서비스, 아이디어 등에 대한 서비스 대상 집단의 수용 가능성 향상에 초점을 맞추고 있는 것을 공공 부문 마케팅이라고 설명하였다.

민간 부문 마케팅은 추진 주체, 마케팅의 대상, 목표, 방식 및 수단에 따라 그 유형이 달라진다. 이는 공공 부문 마케팅도 크게 다르지 않다. 주체나 마케팅 대상, 목표 등에 따라 정책 마케팅, 정부 이벤트 마케팅, 정부 서비스 마케팅, 장소 마케팅, 사회 마케팅 등 여러 유형으로 나누어 볼 수 있다.

정책 마케팅이란 정책 자체를 마케팅의 대상으로 삼는 것으로 시민들이 특정 정책에 대하여 갖는 인식의 전환을 유도하거나 협력을 얻어내기 위한 것으로 볼 수 있으며, 정부 이벤트 마케팅은 지역 축제나 행사와 관련된 것이다. 정부 서비스 마케팅은 공공 서비스 공급 조직에서 고객의 만족도를 높이기 위하여 사용하는 것으로 볼 수 있다. 또한 장소 마케팅이란 마케팅의 대상이 특정 장소가 되는 것으로 관광 산업 증진 및 지역 경제 발전을 위하여 주로 활용된다. 사회 마케팅은 사회 전체의 복지 증진을 위하여 특정 집단의 가치나 아이디어, 태도 변화를 목적으로 하는 마케팅으로 금연, 마약 금지, 운주 운전 금지 등을 촉구하는 내용을 담고 있는 것이 그 예라 할 수 있다(유동성, 2007: 121).

이 중에서 주목할 만한 장소 마케팅은 서구 산업도시들이 경제 쇠퇴에 대한 대안으로 도시 이미지의 변화를 통하여 자본과 인구 등을 끌어들이고자 시도한 것에서 유래된다. 즉, 탈산업화로 인한 경제 위기와 산업 재구조화 과정은 생산 활동 및 도시와 지역의 구조 변화를 가져다 주었고, 교통·통신의 발달로 세계적인 자본의 이동이 가능해지고 거리에 대한 중요성이 감소하였다. 지식과 정보가 생산 활동에서 중요한 역할을 차지하게 되자 도시의 경제 기반도 변화하게 되었다(최재헌, 1998: 32). 또한 자본의 국제화와 세계화로 인하여 각 지역 간 투자, 기업, 주민, 관광객 유치에 대한 경쟁이 심화되었고, 지역 간 경쟁에서 지역의 이미지는 기본적으로 중요한 요소로 작용하기 때문에, 긍정적인 지역의 이미지가 재정 혹은 자원을 얻기 위한 강력한 도구가 되었다. 따라서 기존의 산업 도시들은 이러한 변화에 맞추어 쇠퇴한 도시라는 부정적 이미지를 탈피하여 잠재적인 지역 주민과 투자자, 방문객들에게 지역의 새로운 이미지를 재구축하여야 할 필요성을 느끼게 되었다.

2. 공공 부문 마케팅의 특징

코틀러(Kotler, 2007)에 따르면, 공공 부문에서 마케팅이 필요한 이유는 공공 부문의 성과 제고를 위해서이다. 즉, 시민들의 만족도와 신뢰도를 높임으로써 이들의 지지를 이끌어 내기 위하여 공공 부문에서도 적절한 도구를 선택하여야 한다는 것이다. 그리고 그 도구 선택의 방법 중 하나가 민간 부문에서 사용되는 도구의 채택이라는 것이다. 공공 부문 마케팅도 그 근원이 경영학에서 비롯되었기 때문에 민간 부문 마케팅과 큰 차이를 보이지 않는다. 그러나 공공 부문이 가지고 있는 고유한 특성으로 인하여 이윤 추구를 목적으로 하는 민간 부문 마케팅과는 몇 가지 본질적인 차이를 갖게 된다.

공공 부문 마케팅이 가지고 있는 특징은 다음과 같다.

가장 큰 차이점은 주체가 누구냐 하는 것이다. 즉, 공공 부문 마케팅은 그 주체가 정부기관 및 준공공조직이다. 정부기관이 어떠한 특징을 가지고 있는지, 정부와 시민 사이의 관계는 어떠한지, 서비스 내용이 무엇인지에 따라 마케팅 기법에 차이가 나타나게 된다. 또한 공공 부문 마케팅이 가지는 가장 큰 특징은 이윤 추구가 아닌 공익 추구를 목적으로 한다는 것이며, 제품보다는 서비스에 대한 마케팅이 주를 이룬다는 특징이 있다. 또한 사회 마케팅의 경우는 제품 판촉의 목적이 아닌 그것을 받아들이는 사람들이 바람직한 사회적 이념을 수용하도록 하기 위하여 활용된다. 공공 부문 마케팅은 정부 정책 목적 달성의 촉진을 의도하는 촉진적 성격을 가지며, 마케팅은 부수적인 것으로서 마케팅 그 자체가 목적이 아니라 정책 목표 달성을 촉진하기 위한 하나의 수단에 불과하다(박흥식, 1997: 5-6).

또한 공공 부문에서 생산하는 서비스의 무형성(intangibility), 생산과 소비가 동시에 일어나는 비분리성(inseparability) 등으로 인하여 마케팅 전략을 수립하는 데 어려움을 겪기도 한다. 서비스의 무형성으로 인하여 마케팅 전략 수립을 위한 표본 추출이나 평가가 어렵고, 비분리성으로 인하여 활동의 범위가 제약을 받게 된다. 민간 부문에서는 마케팅 전략 수립 시 적절한 가격 책정의 과정이 수반되지만, 공공 부문에서 공급하는 제품은 가격 산정이 경제적 합리성에 따르기보다는 사회적 합의가 중요하게 작용하게 된다는 특징을 갖는다. 민간 부문 마케팅이 제품 소비 촉진에 중점을 둔다면, 공익이 가장 우선시되어야 하는 공공 부문의 특성상 공공 부문 마케팅에서는 소비 촉진이 아닌 소비자 집단이 싫어하거나 거부하는 행태를 장려하고 촉진시키는 활동을 시도하게 되기도 한다. 예를 들어 음주 운전 금지나 마약 금지와 같은 정책 마케팅이 그것이라 할 수 있다(노시평 외, 2000: 842).

3. 지역 발전을 위한 공공 부문 마케팅: 장소 마케팅

공공 부문 마케팅 중에서 지역 발전과 가장 밀접하게 관련된 것이 장소 마케팅이라 할 수 있다. 장소 마케팅은 서구 산업도시들이 경제 쇠퇴에 대한 대안으로 도시 이미지의 변화를 통하여 자본과 인구 등을 끌어들이고자 시도한 데에서 유래된다. 탈산업화로 인한 경제 위기와 산업 재구조화 과정은 생산 활동 및 도시와 지역의 구조 변화를 가져다 주었고, 교통·통신의 발달로 세계적인 자본의 이동이 가능해지고 거리에 대한 중요성이 감소하게 되었다. 지식과 정보가 생산 활동에서 중요한 역할을 차지하게 되자 도시의 경제 기반도 변화하게 되었다(최재헌, 1998: 32). 또한 자본의 국제화와 세계화로 인하여 각 지역 간 투자, 기업, 주민, 관광객 유치에 대한 경쟁이 심화되었고, 지역 간 경쟁에서 지역의 이미지는 기본적으로 중요한 요소로 작용하기 때문에, 긍정적인 지역의 이미지가 재정 혹은 자원을 얻기 위한 강력한 도구가 되었다. 따라서 기존의 산업도시들은 이러한 변화에 맞추어 쇠퇴한 도시라는 부정적 이미지를 탈피하여 잠재적인 지역 주민과 투자자, 방문객들에게 지역의 새로운 이미지를 재구축하여야 할 필요성을 느끼게 되었다.

또한 지방정부가 세계 경제 활동의 주체로 변모됨에 따라 지방정부는 적은 예산에 대하여 고민하게 되었고, 지역 주민들은 삶의 질에 대한 관심이 높아져 갔다. 시장과 의원들도 자본과 투자의 유치, 자원 확보 등을 위하여 지역 이미지에 대하여 관심을 기울이면서 그들의 지역이 경쟁 지역에 비하여 더욱 매력적인 위치에 있을 수 있도록, 경쟁우위를 향상시키기 위하여 장소 마케팅에 대한 요구가 증가하게 되었다(Avraham, 2003; Eli & Eran, 2008; Felsenstein, 1994; Hanson, 1996). 이러한 맥락에서 장소 마케팅의 성공적인 수행은 재원과 인력이 열악한 도시로 인구와 자본을 끌어들일 수 있도록 하는 가능성을 제시해 주었고, 이는 침체에 빠진 산업도시뿐 아니라 위기를 겪고 있는 모든 지역에 대한 지역 활성화 전략으로 사용되기 시작하였다(백선혜, 2005).

장소 마케팅은 지리학, 관광학, 경영학, 사회학, 행정학 등 다양한 학문 분야에서 연구되었고, 이에 따라 굉장히 다양한 정의를 갖는다. 일반적으로 마케팅이라 함은 상품과 서비스 등을 생산자에서 소비자에게 유통시키는 일체의 기업 활동을 말한다. 이러한 미국마케팅학회(Americal Marketing Association, 1985)에서는 마케팅을 "개인이나 조직의 목표를 만족시키는 교환의 실현을 아이디어, 제품과 서비스의 개념 구성과 개발, 가격 설정, 판촉 및 유통 계획을 집행하는 과정"이라고 정의하고 있다. 이러한 마케팅의 정의에 비추어본다면 장소 마케팅은 지역의 특정 장소와 이미지를 기업가와 관광객, 주민들에게 매력적인 곳으로 인식되도록 특정 지역의 이미지를 구축하고 이를 판매하려는 다양한 방식의 노력을 의미한다(Kearns & Philo, 1993: 2).

또한 바셋(Bassett, 1993)은 장소 마케팅이란 지방정부와 지방기업가에 의하여 과거의 부정적 이미지를 없애고 지역문화와 관광자원을 활용하여 장소를 판촉하고 지역 경제를 활성화시키는 것이라고 정의하였고, 골드와 워드(Gold & Ward, 1994)는 장소 마케팅을 수용자층(target audience)에게 지역의 특정 장소에 대한 이미지를 전달하기 위하여 마케팅과 홍보를 의식적으로 사용하는 것으로 정의하였다. 쇼트 외(Short et al., 2000: 318)는 장소 마케팅이란 자원을 확보하거나 얻을 수 있는 경쟁력을 강화하기 위하여 지역의 새로운 이미지를 창조하여 장소에 대한 재평가와 재연출(re-presentation)을 포함한 장소의 판촉(promotion)으로 보았는데, 이는 새로운 지역 이미지 마케팅 과정을 다양한 자원을 획득하고 보존하는 수단으로 본 것이다. 그리고 비슷한 맥락에서 애시워스와 부그드(Ashworth & Voogd, 1990)는 장소 마케팅을 장소의 사회경제적인 기능을 최대화하기 위하여 수용자층의 요구에 따라 도시 활동이 조절되는 과정으로 보았다.

우리나라에서도 장소 마케팅에 대한 정의는 아직 합의된 것이 없지만, 대부분 지역정체성 확보를 통한 지역경제 활성화를 그 목적으로 한다. 이러한 맥락에서 보면 우리나라의 장소 마케팅이란 지역의 문화적 · 역사적 · 자연적 특성을 바탕으로 지역의 좋은 이미지를 부각시켜 관광객을 유치하고 이를 통하여 지역경제를 활성화시키려는 전략을 의미한다고 할 수 있다(공자원 외, 1999: 김생수, 2007: 박난순 외, 2005: 신혜란, 1998: 오남현, 2008).

제2절 장소 마케팅의 유형 및 전략

장소 마케팅은 특정 장소에 대한 긍정적 이미지 형성을 통하여 지역을 상품화하는 활동으로서, 이를 위해서는 장소 자산(place asset)에 대한 인식이 선행되어야 한다. 즉, 무엇을 상품화할 수 있는지에 대한 파악이 우선시되어야 한다는 것이다. 그러므로 장소 마케팅에서 가장 중요하다고 여겨지는 것이 마케팅 상품이 되는 장소 자산에 대한 연구라 할 수 있다. 여기서 장소 자산이란 지역이 가지고 있는 장소의 요소 중 긍정적 요소나 잠재성을 가지고 있어 개발할 경우 수익 창출이 가능한 유형 혹은 무형의 자원을 말한다(Kotler, 1993). 특히 장소 자산은 각 지역이 가지고 있는 지역적 특수성이나 각 지역의 정체성을 나타낼 수 있는 특징을 지니고 있는 것이기 때문에 쉽게 복제할 수 없고, 유사한 장소 자산이 다른 지역에 존재하지 않을 경우 그 경쟁력이 더욱 높아진다는 특징을 지니게 된다(김현호, 2003: 김생수, 2003).

장소 자산이 될 수 있는 요소들은 굉장히 다양한데, 자연적 요소, 인적 요소, 삶의 질 요소, 문화적 요소 등이 이에 해당된다(이무용, 2006b). 이러한 여러 가지 요소 중에 지역의 경쟁력과 잠재력을 종합적으로 고려하여 지역 발전을 위한 이익을 극대화할 수 있도록 개발하여 상품화할 수 있는 장소 자산으로 결정된다. 그러나 장소 자산의 결정 시에는 다양한 대내외적 변화를 고려하여야 하며, 지역의 자연 환경과 외부 지역과의 관계, 지역사회 및 경제 상황 등을 고려하여 파악하여야 한다. 따라서 시간의 흐름 및 외부 환경의 변화에 따라서 장소 자산의 가치는 변할 수 있음 유의하여야 한다(이희연, 2005).

케언스와 필로(Kearns & Philo, 1993)는 장소 자산의 유형에 따라서 장소 마케팅을 생태적 장소 마케팅과 문화적 장소 마케팅, 산업적 장소 마케팅으로 나누었다. 먼저, 생태적 장소 마케팅은 양질의 생태 자연을 마케팅 자산으로 사용하는 것으로서 동굴, 산, 바다 등 특수한 자연적 지형을 활용하여 관광객을 유치하고자 하는 마케팅이라 할 수 있다. 문화적 장소 마케팅은 지역 혹은 장소가 가지고 있는 특수한 문화를 마케팅 수단으로 사용한다. 국제적으로 유명한 영화제나 연극제,

이 연구에서 다루고 있는 다문화마을특구 등이 이에 해당한다. 생태적 장소 마케팅과 문화적 장소 마케팅 모두 장소 자산을 활용하여 관광객을 유치하고 이를 통하여 지역 발전을 도모하려는 전략과 직접 혹은 간접적으로 관련이 있다고 볼 수 있다. 이에 반하여 산업적 장소 마케팅은 산업적 입지가 좋은 장소로 지역적 환경을 구축하여 기업을 끌어들임으로써 고용 창출과 지역 활성화를 도모하고자 하는 방식이다. 이는 산업공단 조성을 통한 공장의 유치나 실리콘 밸리와 같이 기업들이 밀집해 생산 활동을 할 수 있도록 환경을 조성하여 고용을 창출하고 세금을 통하여 지역 발전을 도모하려는 전략이라 할 수 있다.

또한 그리피스(Griffiths, 1995)는 주민 통합, 대체 산업 발굴, 지역 이미지 제고라는 목적을 기준으로 주민통합모형(integration model or promoting civic identity model), 문화산업모형(cultural industry model), 판촉 또는 소비자 중심주의 모형(promotion or consumer model)으로 장소 마케팅 전략을 분류하였다. 주민통합모형은 지역 주민들에게 관심을 두는 모형으로서, 이 지역에 대한 애착심과 정체성, 소속감, 삶의 질에 대한 기대감을 높이는 것을 목표로 한다. 공간적 초점이 도심에 맞추어져 있으므로 도심의 재개발이나 지역축제 개최 방법이 사용된다. 문화산업모형은 기존에 지역경제를 유지하던 산업 기반이 쇠퇴하여 전면적 산업 재구조화가 필요한 경우 사용된다. 즉, 기존의 산업을 대체할 만한 것으로 문화산업을 발굴하여 수익 창출을 위한 문화 상품의 생산과 배포를 목표로 하는 전략이며, 문화 상품을 활용한 관광객 유치가 목적이다. 판촉 또는 소비자 중심주의 모형은 도시를 기존 이미지에서 새로운 이미지로 광고하거나 상징물 건설하고 이벤트를 개최하는 데 고급스럽고 깔끔한 이미지를 활용한다. 고급 문화를 활용한 도시의 긍정적 이미지를 부각을 통하여 도시 이미지의 제고를 목표로 관광객과 기업을 끌어들이려 하는 전략이다.

또한 애시워스와 부그드(Ashworth & Voogd, 1990)는 지역 이미지를 어떻게 변화시키느냐에 따라 장소 마케팅 전략이 이미지 강화형과 이미지 대체형, 이미지 창출형으로 구분될 수 있음을 설명하였다. 이미지 강화형은 기존에 해당 지역이 가지고 있던 긍정적 이미지를 더욱 강화하자는 것이며, 이미지 대체형은 해당 지역이 가지고 있던 기존의 부정적인 지역 이미지를 긍정적인 이미지로 전환하는 것을 말하고, 이미지 창출형은 별다른 이미지가 없던 지역이 특색 있는 새로운 이미지를 갖고 이를 활용할 수 있도록 하는 것이다.

코틀러(Kotler, 1993: 79-98)에 따르면, 이러한 장소 마케팅의 전략도 민간의 마케팅 전략과 크게 다르지는 않으며, 전략적 마케팅 계획은 5단계를 거친다고 설명한다. 첫 번째는 장소 분석 단계로 지역의 인구통계학적·경제적 현황 파악 및 강점과 약점 파악, 기회와 위험에 연결시켜 미래를 구상하는 것이다. 두 번째는 비전과 목표의 수립이다. 지역의 전반적인 상황을 파악하였다면 일관성 있는 비전과 목표를 설정하여야 한다. 지역 발전을 위하여 적합한 것은 무엇인지, 어떠한 방향으로 비전을 설정한 것인지는 사업의 구체적인 방향을 제시해 줄 수 있다. 세 번째는 마케팅 전략의 수립이다. 목표 달성을 위하여 구체적인 전략을 짜야 한다. 어떻게 홍보하고 무엇을 유치하고 무엇을 내

세울 것인지에 대하여 여러 가지 전략을 도출해 내야 한다. 네 번째로는 수립된 전략의 실행 계획을 세워야 한다. 이를 위해서는 사업의 책임자, 실행 방법, 소요 비용, 예상되는 완료 시기의 네 가지 사항을 명시하여야 한다. 그리고 다섯 번째로 계획된 사업을 실행하고 이를 평가하는 단계를 거친다. 마케팅에 대한 평가는 피드백되어 목표, 전략, 또는 실행 계획에 반영된다.

제3절 다문화 시대와 장소 마케팅

장소 마케팅은 다양한 학문 분야에서 연구되어 왔다. 외국의 경우 1980년대 이후부터 장소 마케팅에 관한 연구가 본격화되어 도시 재생을 위한 장소 마케팅 전략을 활용해 오고 있다. 특히 세계화와 지방화, 정보화 등의 흐름 속에서 세계적인 인구 인동 및 자본, 노동력, 관광객 유치를 통하여 지역경제를 활성화하기 위한 전략으로 장소 마케팅이 활용되어 왔다고 할 수 있다.

여러 문화와 인종이 공존하는 다문화 시대에 우리나라에서 이러한 다문화 공간에 대한 장소 마케팅의 활용 사례는 이태원이나 인천의 차이나타운 등에서도 발견된다. 이태원은 세계적으로도 잘 알려진 관광명소로서 1997년 관광특구로 지정되어 현재는 관광 허브 & 다국적 퓨전 문화 지역으로 다양한 세계 문화 교류 장소로 인정받고 있다. 이태원은 서울의 대표적인 관광특구로 자리 잡고 있으며, 세계 여러 나라

문화를 경험할 수 있는 음식점이나 클럽, 바 등도 매우 다양하고, 상인들의 외국어 실력도 상당해 쇼핑과 관광이 충족되는 다문화 공존 지역으로서의 강점을 가지고 있는 곳이다. 지하철 및 공항버스나 시티투어 버스의 연계는 이태원에 대한 교통 접근성과 편의성을 증진시켜 주었고, 이태원 주변의 국립중앙박물관이나 전쟁기념관 등 관광자원과의 근접성은 연계 광광 코스 개발에 대한 용이함을 제공해 주기도 하였다. 이태원도 미군 살인사건 및 미군들의 폭행이나 시비 등으로 치안의 무법지대라는 부정적 이미지가 존재하기는 하였으나, 강점은 살리고 약점은 보완하는 전략을 통하여 현재는 끊임없는 관리와 콘텐츠 개발이 이루어지는 지역이 되었다.

특히 세계 여러 나라 음식을 고루 경험할 수 있을 뿐만 아니라 음식점 및 카페 등의 고급화와 특성화는 내국인들에게도 입소문을 타면서 주말 점심을 즐기거나 차 한잔 마시며 휴식을 취하는 공간으로도 거듭나고 있다, 또한 한강진역과 이태원, 녹사평역을 잇는 이태원 거리 일대뿐만 아니라 녹사평역과 가까운 경리단 길 등이 새로운 거리로 주목받게 되면서 그 일대도 트렌디하고 동서양의 문화가 공존하는 거리로 자리잡고 있다.

인천의 차이나타운도 우리나라에서 손꼽히는 특색 있는 다문화 공간이라 할 수 있는데, 1883년 인천항 개항 이후 중국인들이 모여 살면서 중국의 독특한 문화가 형성된 곳이다. 단순히 화교들이 모여 살면서 형성된 지역임을 벗어나 관광객 유치와 인천시의 특색 있는 다문화 공간으로 탈바꿈하면서 한국에 형성되어 있는 여러 다문화 공간에 그 발전 가능성을 제시해 주고 있는 장소이기도 하다. 인천 차이나타운은 다른 지역의 다문화 공간에 비하여 비교적 역사가 길 뿐만 아니라 인천의 역사성과 문화성과 연관되어 인천의 대표적인 관광명소로 부각되었다. 인천시 차이나타운은 2007년 지역특화발전특구로 지정되어 차이나타운특구로 불리고 있으며, 2009년 전국 지역특화발전특구 평가에서는 우수 특구로 선정되기도 하였다. 특색 있는 관광명소로서 인천시 차이나타운의 노력은 관광시설 확충, 상권 활성화를 위한 규제 완화, 중국 상가 조성, 자장면 박물관 조성, 야외 문화공간 조성, 중국풍 조형물 설치를 통한 테마거리 조성, 차이나타운 내 주요 거리 통행 제한, 거리 예술제 실시와 중국어 마을 조성, 기반 시설 공사 등의 투자와 개발로 이어지고 있다. 중국 음식을 즐길 수 있고, 이와 더불어 중국 및 일본과 관련된 오래된 역사 속 공간 등을 접할 수 있을 뿐만 아니라 월미도나 자유공원 등 인근 관광지와의 연계를 통하여 볼거리와 먹거리를 동시에 제공해 주고 있다. 또한 이러한 유·무형의 관광 인프라의 적극적인 개발과 투자로 차이나타운은 경제 파급 효과 3,000억 원과 고용 유발 효과 2,000명, 한·중간 국제 교류 증진 등 성과를 달성할 수 있었고, 2008년 한 해에만 방문객 수가 215만 명에 달하는 성과를 거두기도 하였다(인천 차이나타운, 2013).

제4절 장소 마케팅과 지역 발전에 관한 선행 연구

장소 마케팅은 다양한 학문 분야에서 연구되어 왔다. 외국의 경우 1980년대 이후부터 장소 마케팅에 관한 연구가 본격화되어 도시 재생을 위한 장소 마케팅 전략, 장소 마케팅의 기법과 절차, 유형 등을 다루는 연구들이 진행되었고, 1990년대 이후에는 사례 연구들이 주를 이루며 지방정부 장소 마케팅에 대한 연구나 도시 재생 전략 차원의 연구 등이 계속되었다(Ashworth & Voogd, 1990; Basset, 1993; Holcomb, 1993; Griffiths, 1995; Goodwin, 1993; Kotler, 1985; Paddison, 1993; Ward, 1998). 우리나라는 지방자치제가 실시된 이후인 1990년대 후반부터 장소 마케팅에 대한 논의가 시작되었고, 이후 각 지방자치단체들이 경쟁력을 강화하기 위한 방안으로 축제나 이벤트 개최 및 관광지 개발에 중점을 두게 되면서 지리학, 경영학, 관광학, 사회학, 행정학 분야 등에서 논의가 활발해졌다. 특히 지리학과 경영학, 관광학 등에서는 사례 분석을 통하여 장소 마케팅 상품이나 마케팅 기법, 장소 마케팅 유형을 분석하는 연구가 주를 이루고 있다(김생수, 2007; 박난순 외, 2005; 오남현, 2008; 이무용, 2006a; 이수범, 2004; 이희연, 2005; 이효재, 2008; 전신욱 외, 2004).

특히 우리나라에서 공공 부문 장소 마케팅 연구는 마케팅 기법의 공공 부문 적용에 대한 고찰로부터 시작되었으며, 행정학에서는 2000

년대 중반부터 장소 마케팅에 대한 사례 연구가 활발히 논의되고 있다. 각 지방자치단체들이 자율적인 성장 기반을 되찾고 지속적인 발전 기반을 구축하기 위하여 지역 실정에 맞는 개발 전략을 수립하고 운영할 필요가 생겨나면서 장소 마케팅에 대한 관심이 증가하게 된 것이다. 행정학에서 장소 마케팅 연구는 공공 부문에서의 적용가능성에 대한 연구를 시작으로 하여 사례 분석을 통한 현황 분석 및 시사점 제시가 주를 이루고 있다. 이에 대한 연구들을 간략히 살펴보면 다음과 같다.

첫째, 공공 부문에서의 마케팅 기법 적용가능성에 관한 연구이다. 박홍식(1997)은 정부 마케팅 연구에 관한 내용과 성과, 그리고 한계에 관한 연구를 통하여 공공 부문 마케팅에 관한 국내에서의 적용가능성에 대하여 탐색해 보았다. 박홍식의 연구에서는 공공 부문 마케팅을 정부 마케팅으로 표현하고 있으며, 개념 정의와 민간 부문 마케팅과의 차이 등에 대하여 간략히 논의하였다. 또한 정부 마케팅의 내용과 성과에 대하여는 구체적인 적용 사례로 미국의 국가통화정책과 정부에너지정책, 국민보건정책과 환경정책, 가족계획정책 등에 대하여 서술해 줌으로써 구체적인 공공 부문 마케팅 사례들을 제시해 주었다. 그리고 공공 부문 마케팅 적용에 대한 논의들을 통하여 앞으로의 전망과 과제 및 한계를 서술함으로써 공공 부문에서의 마케팅 기법 적용에 대한 긍정적인 방향의 가능성을 제시해 주었다.

이후 노시평(2004)의 연구도 박홍식(1997)의 연구와 비슷한 맥락의 논의가 이루어졌다. 공공 부문 마케팅, 연구 동향과 적용가능성 및 한계 연구는 공공 부문에서도 마케팅 기법의 도입이 꼭 필요하다는 논의에서 출발한다. 그리고 이러한 인식에 따라 공공 부문에서의 마케팅 기법 도입에 관한 연구들이 어떠한 과정을 통하여 진행되었고 어떠한 한계점을 가지게 되었는지 논의해 보고자 하였다. 공공 부문에서의 마케팅 기법 도입에 관한 필요성이 본격적으로 논의된 것은 1990년대였다. 또한 공공 부문과 마케팅이라는 개념이 합쳐진 것으로 공공 마케팅이라는 용어를 사용하고 있으나, 공공 부문에서 사용되는 마케팅의 용어는 공공 부문 마케팅(public sector marketing), 정부 마케팅(government marketing), 비영리 마케팅(not-for-profit marketing), 사회 마케팅(social marketing) 등으로 다양한 용어가 사용되고 있다고 설명한다. 또한 민간 부문에서 이윤 추구를 목적으로 활용되던 소비자 대상의 마케팅 기법이 공공 부문에서 그대로 적용되기에는 여러 가지 한계점을 갖게 된다고 논의하였다. 그리고 공공 부문에서의 고객은 시민이고 조직을 효율적으로 관리하려는 측면에서는 민간 부문과 크게 다르지 않으므로 앞으로 더욱 깊이 있는 연구를 통하여 그 적용가능성에 대한 연구가 이루어져야 한다고 주장한다.

둘째, 지역 축제나 이벤트 활성화를 통한 지역 발전 연구이다. 이효재(2008), 전신욱 외(2004)의 연구는 영화제, 연극제, 민속예술 공연 등의 전통 문화 행사, 미인선발대회, 특산물 활용 등 지역 축제와 이벤트를 활용한 지역 발전을 다루고 있다. 전신욱 외(2004)는 장소 마케팅을 통한 지방 도시의 발전에 관한 연구를 통하여 지역 이벤트를 장소 마케팅 시각에서 분석해 보았으며, 문제점과 그 원인을 도출해 내려 하였다. 지방 도시들이 발전을 모색하게 된 계기를 외생적 요인과 내생적 요인으로 나눠 보고 있는데, 이는 다음과 같다. 외생적 요인으로 산업 생산구조의 변화를 겪으면서 대체산업이 육성되지 못한 지역들이 관광산업을 모색하게 된 것이며, 내생적 요인으로는 도시의 쇠퇴기에 대비하여 지방 도시들이 자주적인 재원 확보를 위한 지역경제 활성화를 위하여 장소 마케팅을 활용하게 된 것이라는 점이다. 이러한 노력들은 지역 이벤트를 통하여 나타나게 되었는데, 지역 이벤트들이 지역 발전과 어떠한 관계를 맺고 있는지 파악해 보려 하였다.

이효재(2008)는 부산국제영화제를 통한 장소 마케팅 전략 탐색을 장소 마케팅의 성공 요인을 중심으로 논의해 보고자 하였다. 즉, 장소 마케팅의 성공 요인을 규명하여 이에 대한 정책적이고 전략적인 활용 방안을 제시하고자 하였다. 이를 위하여 구체적인 사례로 부산국제영화제를 선정하여 장소 마케팅 전략의 형성과 추진 과정에서의 성공 요인을 분석하고 이를 통하여 영화제와 같은 이벤트들의 성공적인 활용에 관한 시사점을 제시해 주었다. 이들은 운영 현황 분석을 통하여 성공 요인을 도출하거나 한계점을 지적해 내고 있다. 그리고 이를 통하여 지역 축제와 이벤트에 대하여 장소는 문화와 공간을 효과적으로 결합시켜야 하고, 민관 파트너십이 필요하며, 고객지향성의 마인드가 있어야 성공 가능하다는 시사점을 제시해 주고 있으며, 한계점 극복을 위하여 정책 유행에 편승하지 않고 이벤트 아이덴티티를 가져야 한다는 점을 제시해 주고 있다.

셋째, 지역 고유의 특유한 장소성을 활용한 지역 발전 연구이다. 이러한 연구는 박물관이나 특산물을 주요 테마로 하여 이를 활용한 관광객 유치를 목적으로 하는 지역들을 분석하였다. 김생수(2007), 오남현(2008)의 연구는 장소 자산 중 자연 환경이나 물리적 요소의 자산 활용에 주목하고 있으며, 사례 분석을 통한 현황 파악 및 개선 방안에 초점을 두고 있다. 김생수(2007)는 지역 활성화를 위한 지방정부의 장소 마케팅 전략 연구에서 영월군 박물관의 사례를 분석하였다. 장소 마케팅의 필요성에 대해서는 세계화와 지방화로 인한 지역 간 경쟁 심화로 각 지역이 발전 전략을 모색하는 과정에서 대두되었음을 지적하면서 장소 자산에 주목하였다. 즉, 영월군을 사례 분석 대상으로 선정하여 영월군이 가지고 있는 장소 자산을 활용한 박물관들을 분석해 보고 이를 통한 발전적 대안을 모색하려 하였다.

오남현(2008) 역시 장소 자산을 활용한 장소 마케팅 분석을 구체적인 사례를 통하여 실시하였다. 이 연구는 각 지역이 처한 상황이 다름에 따라 각 지역의 장소가 가지는 특수성이 다르고 이를 활용할 수 있는 지방정부 운영자들의 역량과 자질이 다르다는 점에 착안하고 있다. 따라서 포항불빛축제를 통하여 장소 자산의 개발 과정과 형성 과정 및 전략 수립 과정을 고찰해 봄으로써 지역이 가진 장소성과 지방정부 운영자들의 마케팅 능력을 고려한 연구를 실시해 보고자 하였다.

특히 지역 고유의 장소 자산 특성을 성공적으로 활용하기 위해서는 장소 자산에 대한 정확한 특성 파악이 전제되어야 하며, 자연 환경 및 물리적 환경의 단순한 활용이 아닌 다양한 콘텐츠의 개발이 수반되어야 함을 강조하고 있다.

넷째, 도시 이미지 제고나 도시 재생 활성화를 통한 지역 발전 연구이다. 이수범(2004), 박난순 외(2005) 등은 지역 축제나 이벤트의 개최, 물리적·환경적 장소 자산 외에 문화산업 활성화를 통한 지역 발전에 초점을 맞추고 있다. 이수범(2004)은 인천시의 사례를 통하여 도시 이미지 제고를 위한 장소 마케팅 전략을 연구해 보고자 하였다. 즉, 각 지역이 가진 고유의 장소는 역사적이며 문화적인 중요성을 지닌 것으로 포장되어야 하므로 이를 활용한 장소 마케팅 전략이 필요하다는 점에 착안하였다. 인천시에 대한 이미지를 포커스그룹 인터뷰를 통하여 살펴본 결과 부정적으로 나타났다. 따라서 인천시에 대한 긍정적인 이미지로의 전환과 인천에 대한 자부심을 갖게 하고 인천의 거주 환경을 개선하는 전략이 필요함을 도출해 내었다. 이는 영국의 글래스고, 독일의 10월축제(Octoberfest), 홋카이도(北海道) 눈축제 등 외국의 장소 마케팅 유형을 통하여 인천의 이미지 제고에 대한 구체적인 전략 수립 방향을 제시해 주었다. 이를 위한 장소 마케팅 전략으로 문화유산의 활용이나 문화 이벤트 활용 전략, 영화와 스포츠 활용과 도시를 상징하는 심볼이나 슬로건 정립을 제시해 주었다.

박난순 외(2005)는 장소 마케팅 전략을 활용한 지역 발전 연구를 위하여 부천시를 대상으로 사례 분석을 실시하였다. 특히 문화적 상징주의를 이용한 지역 발전 전략이 필요하다는 인식에 따라 그리피스(Griffiths, 1995)의 문화전략모형을 기반으로 한 분석을 통하여 장소를 역사적·문화적으로 포장하여 활용하는 것이 필요함을 강조하였다. 즉, 주민통합모형과 문화산업모형, 선진주의모형 등을 바탕으로 한 문화전략모형이 부천시의 이미지 개선과 정체성 확보에 어떻게 활용되게 되었는지를 분석하였다. 이를 통하여 시민들의 지역에 대한 정체성 확보와 자긍심 확립으로 인한 도시의 긍정적 이미지 확산과, 애니메이션 페스티벌과 만화축제를 통한 만화도시 부천 이미지 확립, 특색 있는 박물관들의 관광자원화 등의 성과를 도출해 내었다. 그리고 지역이 가진 장점 활용과 부각 및 단점 극복을 위한 장소 마케팅 활용이 지역 발전에 긍정적으로 작용할 수 있다는 시사점을 제시해 주었다.

이 두 연구에서 강조하는 것은 장소 마케팅 전략과 문화산업과의 연계라 할 수 있다. 그리피스(Griffiths, 1995)의 문화전략모형을 기반으로 한 분석을 통하여, 이들은 장소를 역사적·문화적으로 포장하여 활용하는 것이 필요함을 강조하고 있다. 즉, 특이한 장소 자산이 없는 지역의 경우 문화산업을 통하여 지역 발전에 이바지할 수 있다는 주장이다. 도시 이미지의 제고나 관광객 유치 및 지역 발전을 위한 장소 마케팅 전략 활용에 특색 있는 문화산업의 발굴 및 활용이 중요하게 작용할 수 있다는 것이다.

이 연구와 기존 연구의 차별성은 전략 수립과 시행 과정의 분석에 있다. 기존 연구들은 공공 부문에서의 장소 마케팅에 대한 적용가능성을 모색해 보고 지역 축제나 이벤트 활성화 연구, 박물관과 축제 등 장소 자산 활용 연구, 도시 이미지 제고와 지역 발전을 위한 연구들이 주를 이루고 있었다. 지역 발전을 위한 길을 모색하는 과정에서의 장소 마케팅 활용 방안에 관한 연구라는 점에서는 모두 공통된 점이 있으며, 이 연구도 마찬가지이다. 그러나 이 연구는 장소 마케팅 전략의 수립과 시행 과정 분석에 초점을 맞추고 있으며, 선행 연구들에서 모색되었던 공공 부문에서의 마케팅 적용가능성이나 장소 자산의 활용, 도시 이미지 제고와 지역 발전을 위한 문화의 활용 등을 복합적으로 살펴볼 수 있는 연구라는 점이다. 또한 이 연구는 다문화적 특색을 가진 지방정부의 지역 주민 통합 및 지역 발전에서 이러한 정부들의 장소 마케팅 수립 과정과 시행에 대하여 실질적인 도움을 주고자 하는 것이다. 즉, 다문화적 특색은 장소 자산 중에서도 물리적·생태적 자산이 아닌 무형의 자산이며, 이러한 문화 다양성을 어떻게 상품화할 것인가에 대한 분석은 비슷한 환경에서 시행착오를 겪고 있을 여러 지방정부들에 통합과 발전에 대한 여러 가지 함의를 제공해 줄 수 있을 것이다.

제 3 장

안산시 다문화마을특구 현황

제1절 안산시 다문화마을특구 외국인 분포 현황

1. 외국인 거주 형성 및 과정

1992년에 산업연수원생 제도가 도입된 이후 국내에 외국인 노동자 규모가 급증하기 시작하였다. 이 시기에 지금의 다문화마을특구가 위치한 원곡동 일대에도 외국인 노동자들의 유입이 시작되었다. 안산시 단원구 원곡동의 경우 반월공단에서 일하는 외국인 노동자들이 공단과의 접근성이 좋고 거주 비용이 비교적 저렴한 원곡동 일대를 선호하면서 외국인 주민 수가 증가하게 되었다. 외국인 주민들이 증가함에 따라 이 일대에는 이들은 대상으로 하는 상권이 형성되기 시작하였고,

이들을 지원하기 위한 시민단체들도 확대되기 시작하였다. 외국인 주민들의 생활과 공공 서비스 인프라가 형성되면서 이 일대로 더 많은 외국인이 밀집하게 되었다(안산시, 2011).

외국인 주민들에 대한 인권 문제와 생활 문제에 도움을 주기 위하여 이 일대에 그들을 위한 지원을 목적으로 여러 시민단체의 설립이 시작되었다, 임금 체불이나 산업 재해, 인종 차별 등 다양한 문제가 증가하는 추세였음에도 이들 스스로 이러한 문제를 해결하기에는 한계가 있었기 때문이다. 대표적인 이주민 지원 시민단체인 안산외국인노동자센터는 1999년 이곳을 '국경 없는 마을'이라 칭하고 이 지역에서 차별 문화를 극복하고 다문화 공동체를 형성하고자 하였다. '국경 없는 마을 운동'은 지역 주민과의 접촉점 형성을 통한 문화적 갈등 해소 사업과 마을 다문화 축제, 지역사회 의사 결정에 이주민 참여 활동, 국경 없는 마을사업 전개 등이 있었다(박천응, 2007).

2. 외국인 분포 현황

안산시 등록 외국인 수는 2005년 55개국 18,228명에서 2012년 6월 66개국 45,316명으로 매년 꾸준히 증가하였다. 다문화마을특구로 지정되던 2009년에는 안산시 등록 외국인 수가 61개국 34,147명이었으며, 출신 국가와 등록 외국인 수는 꾸준히 증가하는 추세이다.

안산시 등록 외국인들에 대한 국적별 현황을 살펴보면, 2013년 1월 자료를 기준으로 총 71개국 53,275명의 외국인이 등록되어 있음을 알

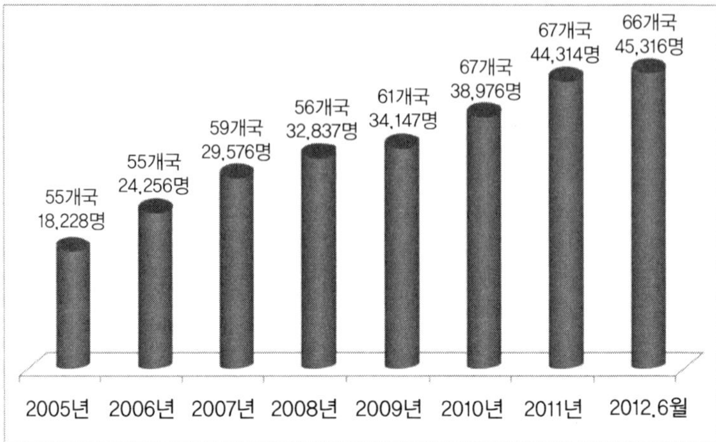

그림 3-1 연도별 안산시 등록 외국인 수

자료: 안산시 외국인주민센터(2012).

수 있다.가장 많은 비율을 차지하고 있는 것은 한국계 중국인들이며, 31,404명이 등록되어 있다. 이어서 중국인들이 6,681명으로서 한국계 중국인의 숫자와 현격한 차이를 보이고 있음을 알 수 있다. 그 다음으로는 우즈베키스탄 국적이 3,674명으로 중국인 다음으로 많은 것을 알 수 있다. 중국과 우즈베키스탄에 이어 베트남과 인도네시아 국적의 외국인들도 안산에 다수 거주하고 있다. 베트남 국적은 2,621명, 인도네시아 국적은 1,356명 순이다. 러시아 국적 외국인은 1,107명으로 나타났는데 이는 한국계 러시아인 980명과 러시아인 127명이다. 필리핀 국적도 1,011명으로, 안산시 내에서 1,000명 이상의 같은 국적을 가진 국가 들은 중국, 우즈베키스탄, 베트남, 인도네시아, 러시아, 필리핀으로 나타났다.

표 3-1 안산시 국적별 등록 외국인 현황(2013년 1월 기준) (단위: 명)

국적별	한국계 중국인	중국	우즈벡	베트남	인도네시아	한국계 러시아
	31,404	6,681	3,674	2,621	1,356	980
총 71개국 (53,275)	러시아	필리핀	네팔	스리랑카	방글라데시	태국
	127	1,011	641	630	506	480

자료: 안산시 외국인주민센터(2013).

산업공단의 인력 충원이 외국인 근로자들을 중심으로 이루어지다보니 안산시 등록 외국인들도 동남아시아권 국가들이 대다수를 차지하고 있으며, 총 71개국 중 유럽, 남아메리카, 아프리카 국적의 외국인들은 많게는 60~80명, 적게는 단 1명이 등록된 것으로 나타났다.

안산시 등록 외국인들의 유형별 비율을 살펴보면, [그림 3-2]와 [그림 3-3]에서 볼수 있듯이 대다수의 동남아권 국가 출신의 등록 비율이 많은 것처럼 단순 기능 인력이 27,798명으로 전체 등록 외국인의 52.18%를 차지하고 있다. 이는 안산시 산업공단에서 근무하는 외국인 근로자들의 업무 특성이 단순 기능 인력인 경우가 많기 때문이다. 또한 18.45%로 두 번째로 많은 유형은 외국 국적의 동포들인데, 이는 조선족인 고려인 등 중국 국적 혹은 러시아 국적의 동포들도 안산시에 다수 정착하였기 때문이다. 세 번째로 많은 유형은 단순 방문으로, 이들은 전체 등록 외국인 수의 17.21%를 차지하고 있으며, 결혼 이민자들도 9.81%로 거의 10%에 가까운 비율을 나타내고 있다. 안산시 전체 등록 외국인들 중 체류 유형별로 소수의 비율을 나타내고 있는 것

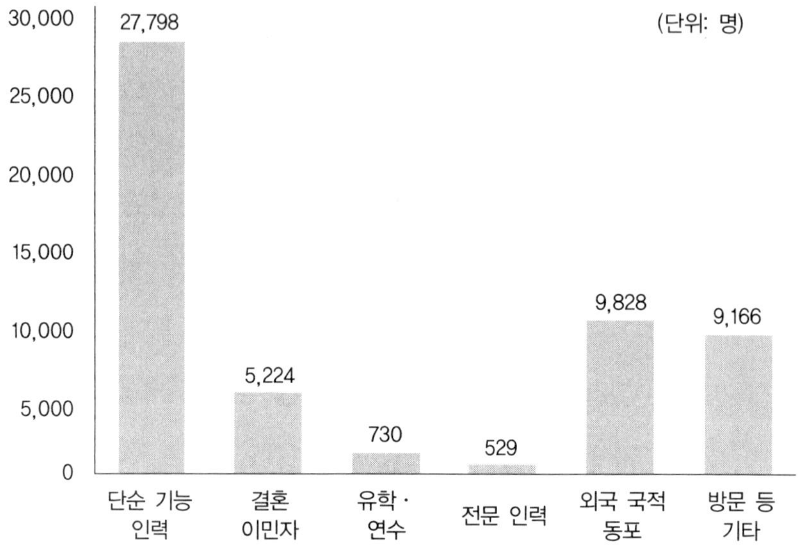

그림 3-2 체류 유형별 등록 외국인 수

자료: 안산시 외국인주민센터(2013).

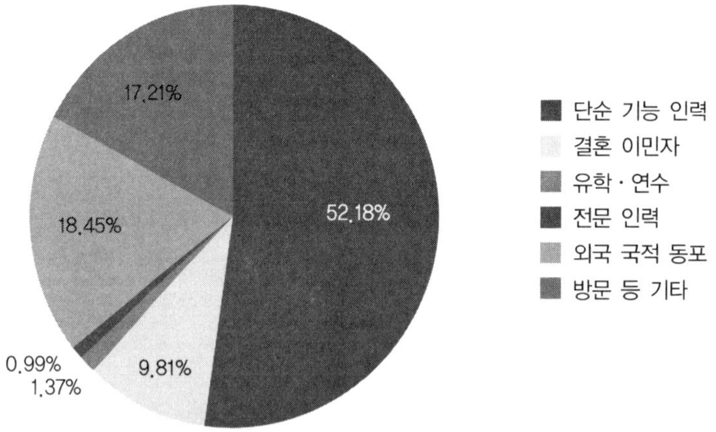

그림 3-3 체류 유형별 등록 외국인 분포

자료: 안산시 외국인주민센터(2013).

은 유학·연수 및 전문 인력이다. 이들은 각각 1.37%와 0.99% 비율을 나타내고 있으며, 특히 전문 인력의 경우 안산시 다문화마을특구 초청 요리사 등도 이러한 유형에 포함되고 있다.

<표 3-2>를 보면, 2013년 1월 기준으로 안산시 전체 인구 수는 758,679명으로 집계되었으며, 이 중 단원구의 인구는 369,877명으로 나타났다. 다문화마을특구가 위치해 있는 안산시 단원구 원곡본동은 총 인구 수 50,173명이며, 내국인 32,752명, 외국인 17,421명으로 나타났다. 이는 안산시의 총 외국인 주민 수의 약 40.1%의 높은 비율을 나타내는 것이다.

다문화마을특구지역 내에서는 특구지역 임대업자들이 내국인보다 외국인을 더 선호하는 경향이 있어, 특구지역 외국인 비율이 지속적인 증가세를 나타내었고, 반면 내국인 주민 비율은 감소하는 경향을 보였다. 즉, 2011년 12월에 총 등록 주민 수 대비 외국인 등록 주민의 비율이 65.4%에서, 2012년 2월 65.5%, 2012년 4월 66.4%, 2012년 6월 66.8%로 꾸준한 증가 추세였다. 이는 다문화마을특구는 외국인 편의

표 3-2 다문화마을특구 내 인구 현황

(단위: 명)

구분	총인구 수	내국인	외국인
안산시	758,679	715,232	43,447
단원구	369,877	333,496	36,381
원곡본동	50,173	32,752	17,421

자료: 안산시 외국인주민센터(2013).

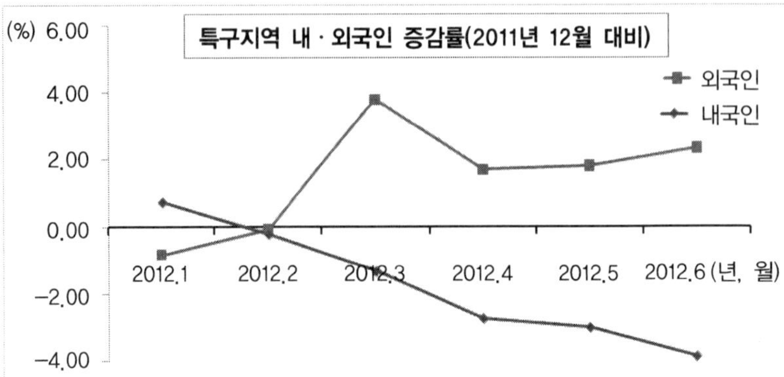

그림 3-4 인구 변화 증감률

자료: 안산시 외국인주민센터(2012).

시설인 외국계 식당과 식재료 판매 시설, 인력소개소, 은행 등이 다른 지역에 비하여 다양하고 편리해 신속하고 안정적인 정착이 가능하기 때문이다.

제2절 다문화마을특구 외국인 지원 정책 및 제도 현황

1. 안산시 다문화 정책 현황

안산시는 전국 최고의 외국인 밀집 지역이라는 명성답게 외국인 주민들에 대한 꾸준한 관심을 가지고 있었다. 특히 지방자치단체 중 처음으로 외국인 지원 조례를 제정하고 전담 부서인 외국인주민센터를 개소하는 등 다른 지방자치단체와 비교하여 외국인 지원 정책 마련에 선도적인 역할을 하였다. 각 지방자치단체들에서는 다문화 전담 부서가 따로 마련되어 있는 것이 아니라 주로 복지를 담당하는 조직 내에서 다문화 관련 업무도 전담하고 있는 경우가 대부분이다. 안산시의 경우는 2005년 5월 전국 최초로 거주 외국인 지원 전담 부서인 외국인근로자지원센터를 개소하고 외국인 주민들의 관리와 민원, 문화사업, 복지 지원 업무 등을 담당하였다. 이후 근로자지원센터가 외국인주민센터로 조직 개편되면서 2008년 3월에 안산시 단원구 원곡동에 안산시 직영으로 지금의 외국인주민센터를 개소하였다. 외국인주민센터는 다자외무, 지구촌 문화, 국제 교육, 외국인 인권 문제, 다문화 아동 등의 업무를 담당하고 있다. 안산시 외국인주민센터는 외국인 주민들의 정착 및 적응의 원활함을 위하여 필요한 교육과 편의 서비스를 제공하고 있으며, 지역사회 주민으로 적응하기 위한 교육 프로그램도 끊임없이 개발·지원하고 있다.

안산시의 다문화 정책은 크게 다섯 가지로 나눠 볼 수 있는데, 외국인 주민 지원 기반 조성, 거주 외국인의 적응 및 정착 지원, 외국인 주민 인권 증진, 다문화 공동체 형성 및 상호 이해 증진, 다문화 가족 지원이 그것이다. 먼저 외국인 주민 지원 기반 조성을 위하여 안산시에서는 전담 부서를 설치·운영하고, 거주 외국인 지원조례(2007. 4), 안산시 외국인 대상 조례(2009. 1), 안산시 외국인 주민 인권 증진에 관한 조례(2009. 3) 등 관련 법령을 제정하였다. 또한 외국인 지원 조례에 근거하여 거주 외국인의 지원 사업을 협의하고 조정하는 민관협의체를 구성하여 운영하고 있다. 이러한 협의체는 지역 주민과 외국인 주민, 시민단체와 시의원, 외국인 지원단체와 관계 기관인 등 총 20명으로 구성되어 있으며, 연 6회 정기회가 있고 재적 위원 3분의 1 이상 요구 시에는 임시회 개최가 가능하다. 무엇보다 외국인 주민들에 대한 총체적인 지원과 교육은 안산시 외국인주민센터에서 담당하고 있으며, 센터는 시 직영으로 365일 연중 무휴로 운영되고 있다.

거주 외국인의 적응 및 정착 지원을 위해서는 여러 가지 교육 프로그램이 제공되고 있다. 기본적으로 한국어 교육뿐만 아니라 직업 교육, 컴퓨터 교육, 다문화 이해 증진 교육 등이 제공되고 있으며, 생활정보지 「하모니」의 발행과 생활 & 법률 가이드북, 기타 생활에 필요한 안내서 등이 러시아어, 몽골어, 태국어, 베트남어, 인도어 등 다양한 언어로 발행되고 있어 한국어에 서툰 외국인 주민들도 여러 생활정보 등을 손쉽게 알아볼 수 있도록 하고 있다. 또한 안산시 외국인주민센터는 2009년 법무부로부터 사회통합교육 시범운영기관으로 지정되어 결혼이민자와 외국인 근로자, 유학생 등 귀화를 희망하는 외국인을 대상으로 한국어 과정(0, 1, 2, 3, 4단계)과 한국사회 이해 과정(5단계)으로 이루어진 다문화 사회 통합 프로그램 교육을 제공하고 있다.

외국인 주민 인권 증진 정책을 살펴보면, 안산시와 경기도, 국가인권위원회는 2008년 5월 외국인 주민 인권 증진 교류 협정을 체결하고 외국인 주민의 인권 보호 및 증진에 관한 상호 협력과 연구·조사 등에 공동으로 협력할 것을 약속하였다. 또한 외국인 주민 인권 증진에 관한 조례(2009. 3. 27)가 제정되어 공공 부문과 민간 기업, 시민사회

단체, 외국인 주민 등 각 부문의 책무에 관한 사항 등을 명시하였고, 2009년 11월 24일 외국인주민인권증진위원회가 구성되어 이들의 인권에 관한 상담 및 보호 활동 등에 적극 협조하고 있다. 외국인주민인권증진위원회는 외국인 위원 5명을 포함하여 시민단체, 시의원, 외국인 지원단체, 관계 기관인 등 총 15명으로 구성되어 있다. 또한 이주민통역지원센터를 개설하여 10국 언어를 지원하고 있으며, 임금과 퇴직금, 사업장 변경, 출입국, 의료, 생활 등에 관한 종합 상담을 지원하고 있다. 직접 찾아오지 못하는 사람들을 위해서는 찾아가는 통역 서비스도 지원하고 있는데, 주로 외국인 고용업체나 다문화 가정, 병원 및 사회복지관 등에서 통역 서비스를 지원하고 있다. 경제적 어려움을 겪고 있는 외국인 주민 중 긴급한 도움을 필요로 하는 경우 금전적 도움을 주는 제도도 운영하고 있다. 외국인 응급 지원사업은 제도권의 보호를 받지 못하는 외국인 중 갑작스러운 위기 상황으로 인하여 도움이 필요한 외국인을 지원하여 경제적 곤란 등의 사유로 발생할 수 있는 사건·사고를 예방하고, 사각지대에 있는 외국인의 소외감을 해소함으로써 안정된 지역 환경을 유지하고자 하는 취지에서 마련되었다. 이는 국내법의 적용을 받지 못하는 외국인에 대한 최소한의 사회 안전망을 마련하려는 취지가 담겨 있으며, 신청을 통하여 확인 조사 진행 후 긴급 생계비나 본국으로의 귀환 여비, 의료비나 장제비 등을 지원하고 있다.

다문화 공동체 형성 및 상호 이해 증진을 위해서는 매년 5월 세계인의 날 기념 축제를 개최하고 있으며, 외국인 근로자 어울림마당, 각 국

표 2-3 안산시 외국인 주민 지원 정책

정책	내용
외국인 주민 지원 기반 조성	거주 외국인 지원 전담 부서 설치 안산시 외국인주민센터 개소 안산시 거주 외국인 지원 조례 제정 안산시 외국인 대상 조례 제정 안산시 외국인 주민 인권 증진에 관한 조례 제정 거주 외국인 지원사업 협의체 구성
거주 외국인의 적응 및 정착 지원	한국어 및 생활교육 프로그램 제공 「하모니」, 생활 &법률 가이드 북 등 생활정보지 발행 사회통합교육 프로그램 운영(법무부 지정 시범기관)
외국인 주민 인권 증진	외국인 주민 인권 증진 교류 협정 체결 외국인주민인권증진위원회 구성 이주민통역지원센터 운영 외국인 응급지원사업
다문화 공동체 형성 및 상호 이해 증진	세계인의 날 기념 축제 외국인 근로자 어울림마당 다문화 체험 교실 다문화 이해 증진 프로그램 제공 다문화홍보학습관 개관
다문화 가족 지원	결혼 이민자 한국어 교육 지원 다문화 가족 사례관리 사업 안산 We Start 글로벌아동센터 운영

가별 문화 행사 및 주간 행사를 지원하고 있다. 이러한 다문화 축제뿐만 아니라 내국인들에게도 다문화에 대한 이해를 높이기 위하여 여러 가지 교육 및 정보 제공을 병행하고 있다. 영어, 중국어, 일본어를 배울 수 있는 다문화 외국어 체험 교실이나 다문화 이해 증진 교육 등이 그것이다. 다문화 이해 증진 교육은 교육 종사자나 학부모, 일반 시민

을 대상으로 다문화 이해 강좌를 개설하거나 청소년들을 대상으로 다문화 투어 등을 실시하여 다문화에 대한 편견을 줄이고 이해의 폭을 넓히려고 노력하고 있다. 또한 아동 및 청소년들의 다문화에 대한 올바른 공감대 형성을 위하여 2012년 1월 다문화홍보학습관을 개관하여 전시관 관람 및 체험을 통하여 12개국(일본, 중국, 러시아, 인도, 네팔, 콩고, 라이베리아, 베트남. 엘살바도르. 키르키즈스탄, 캄보디아, 우즈베키스탄)의 다양한 세계 문화 체험 기회를 제공하고 있다.

다문화 가족 지원 정책에는 결혼 이민자들의 한국어 교육과 다문화 가족 사례 관리사업, 다문화 아동 지원 사업 등이 있다. 결혼 이민자들을 대상으로 한국어 교육 및 언어와 육아에 대한 방문 교육사업을 실시하고, 통·번역 서비스를 제공한다. 또한 가정 생활의 위기에 개입이 필요한 가정에 대해서는 다문화 가족 사례 관리 사업을 통하여 가족 구성원 간 다문화 이해와 관계 증진에 대한 교육을 제공하여 건강한 가정 생활을 유지할 수 있도록 지원하고 있다. 다문화 가정 아동들을 위해서는 안산 We Start 글로벌아동센터를 2010년부터 운영하고 있으며, 이 센터에서는 다문화 아동들의 복지와 건강 및 보육 등에 관한 통합적인 서비스를 제공하고 있다.

2. 다문화마을특구 지정 배경 및 현황

안산시는 2013년 1월 현재 기준으로 중국, 동남아 등 71 개국 약 5만 3천 명의 외국인이 등록되어 있으며, 안산시 단원구 원곡동을 중심으로 외국인 집중 거주지가 형성되어 있다. 안산시가 다문화마을 특구 지정을 추진하게 된 배경에는 안산시의 외국인 밀집도가 전국에서 가장 높기 때문이었다. 안산시 단원구 원곡동 다문화마을특구지역에 외국인이 밀집된 사유는 안산시에 소재하는 반월공단, 시화공단 내 인력난으로 외국인 근로자들이 대거 유입되었기 때문이다. 다문화마을특구지역은 공단 지역과 지리적으로 가까울 뿐만 아니라 안산의 다른 지역에 비하여 거주 비용이 저렴하고 안산역이 가까워 대중 교통을 쉽고 빠르게 이용할 수 있다. 또한 동일 국가, 근로자라는 동일 신분 등 동류 의식이 주말마다 이 지역에 외국인 근로자들을 집결하게 만들었으며, 이로 인하여 외국인 주민을 위한 인프라가 이 지역 일대에 구축됨에 따라 더욱 많은 외국인이 집결하게 되었다. 다양한 외국 음식점, 송금센터, 외국인주민센터, 무료보건소, 도서관 등은 안산시에 거주하는 외국인 주민뿐만 아니라 각 지역 외국인이 이 일대를 자주 방문하게 되는 계기를 제공해 주었고, 이에 안산시는 이러한 외국인 밀집 지역을 양성적으로 활성화시키고 지역 발전과 연계시키고자 다문화마을특구 지정을 추진하게 되었다.

다문화마을특구의 지정은 새로운 지역 발굴하고 개발하여 다문화 공동체 공간으로 지정하는 것이 아니라, 외국인이 밀집된 지역을 특구로 지정함으로써 기존 지역을 정비하고 보완하여 지역 발전 및 지역 경제 활성화의 장으로 활용하려는 취지였다고 볼 수 있다. 특구 내에 외국인 음식점을 좀 더 전문화 · 다양화시키고, 외국 문화활동이나 다문화 체험 활동을 할 수 있는 공간을 마련함으로써 관광객의 방문 및 이들의 소비를 통하여 지역경제 활성화를 도모하려 한 것이다. 또한 이 일대를 다문화 공동체 공간의 중심이 되도록 하고, 거주 외국인들이 우리나라에 대한 호감을 갖게 하며, 여러 문화와 인종이 공존하는 다문화 공동체 형성을 통하여 안산시 도시 브랜드 제고에 기여하고자 하였다.

이러한 노력에 힘입어 안산시 다문화마을특구는 2009년 5월 1일 안산시 단원구 원곡동 795번지 외 910필지의 367,541㎡ 면적이 지역특화발전특구[1])로 지정되었다. 특구 내의 특화사업으로는 외국인주민센터 건립, 간판 및 거리 환경 개선, 만남의 광장 조성, 다문화 축제 등이 있으며, 기본적인 다문화 인프라 구축뿐만 아니라 지역 주민 및 방문객들의 다문화 의식 함양 사업과 다문화 특화 브랜드 사업을 병행하고 있다.

2013년 현재 다문화마을특구는 안산시의 관광종합개발과 연계되어 다문화 음식거리 투어 육성사업을 추진하고 있다. 이는 안산시 내의

1) 예전처럼 중앙정부의 재정 지원에만 의존하지 않고, 민간 자본의 유치, 민·관 투자 협력 등 다양한 방법을 활용하여 자율적인 발전 기반을 마련하는 것이 지방자치단체의 중요 역할이라는 인식이 나타남에 따라 중앙정부는 규제 완화 등을 비롯한 정책적 지원 방안을 마련하여 지방자치단체의 노력을 증진시키는 상향식(bottom-up) 발전 전략이 요구되었다. 이러한 제도적 개선을 통하여 지방자치단체 간 선의의 경쟁과 시장 원리를 정착시켜 지역이 사업 결과에 대하여 책임지는 풍토를 조성하는 것도 향후 국가 경제 발전의 중요한 요소로 인식되었다. 이러한 배경 속에 정부는 2003년 6월 국가균형발전 7대 과제의 일환으로 지역 특성에 따라 규제를 차등 적용하는 '지역특화발전특구' 제도의 도입을 결정하였다. 이러한 결정이 있기까지 규제 완화의 적극적인 추진을 위하여 우리보다 조금 앞서 도입·운영되고 있는 일본의 '구조개혁특구' 경험도 참고가 되었다(중소기업청 지역특화발전특구, http://www.mke.go.kr/sezone(2013.3.26.))

그림 3-5 다문화마을특구 위치

자료: 안산시 외국인주민센터(2011).

이색적인 문화를 경험하고 다문화를 공감할 수 있는 기회를 확대하기 위하여 가장 손쉽게 접할 수 있는 다문화특구 내 음식점을 육성하는 것이다. 이러한 전략의 일환으로 안산시가 내부 대표 관광명소 선정을 통하여 외부 관광객 유치 홍보 마케팅 및 관광 도시 브랜드 구축을 위하여 안산 9경을 선정하였는데 이에 다문화거리가 선정되었다.

2013년 현재 다문화마을특구 내 총 업소 수는 1,374개로 전년 대비 1.4% 증가하였으며, 19개 업소가 새로 영업을 시작하였다. 이 중 내국인 업소는 1,045개로 전체 업소의 76%를 차지하고 있으며, 외국계 업소는 329개로 이는 전년도 309개 업소에 비하여 20개 업소가 증가한 것이다. 특이할 만한 것은 다문화마을특구 내 업소 중 내국인 업소는

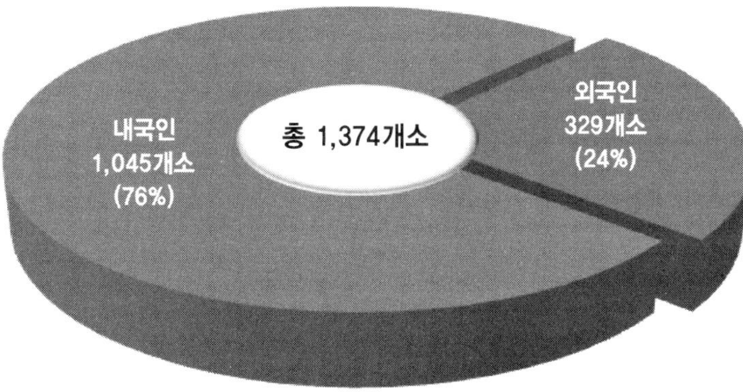

그림 3-6 다문화마을특구지역 업소 현황

자료: 안산시 외국인주민센터(2012).

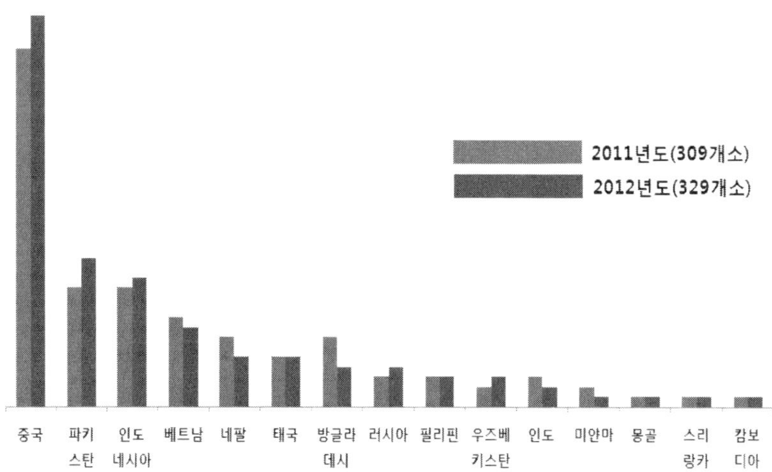

그림 3-7 다문화마을특구 내 외국계 업소 증감 현황

자료: 안산시 외국인주민센터(2012).

그림 3-8 다문화마을특구 내 구역도

자료: 안산시 외국인주민센터(2012).

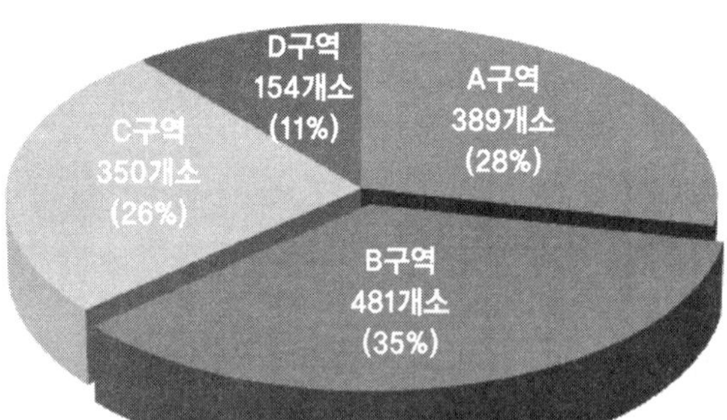

그림 3-9 다문화마을특구 구역별 상가 분포

자료: 안산시 외국인주민센터(2012).

2008년 조사 이래 지속적으로 감소하고 있다는 것이다. 2008년 특구 내 총 업소 중 88%를 차지하던 내국인 업소 비율이 2009년에는 84%, 2010년에는 80%, 2011년 77%, 2012년 76%로 지속적으로 줄어들고 있는 모습을 보이고 있다. 이는 다문화마을특구로 지정된 이후 외국인 요리사 초청 증가 및 관광객과 외국인 주민의 밀집 증가로 인하여 외국계 업소에 대한 수요가 많아짐에 따라 점차 외국계 업소의 영업이 증가하게 된 것으로 해석된다.

다문화마을특구를 네 가지 구역으로 나누어 살펴보면, A구역은 7개국 61개 업종 389개소가 있고, B구역은 14개국 88개 업종 481개소, C구역은 4개국 69개 업종 350개소, D구역은 3개국 43개 업종 154개소가 있다. 다문화마을특구 초입이며 안산역 바로 앞에 위치해 있는 특성 때문에 비교적 B구역이 다른 구역에 비하여 많은 상가가 밀집해 있다. 모든 구역에서 가장 많은 업종은 음식점이며, 이 중 D구역은 상가보다 주택 비율이 높은 구역이다.

2013년 1월 기준으로 다문화마을특구 내 외국계 업소는 총 15개국 121개 업종이 있다. 중국계 업소가 전체 329개 업소 중 263개로 외국계 업소의 80%를 차지하고 있다. 파키스탄, 인도네시아도 각각 15개, 13개 업소로 중국계 업소를 제외한 외국계 업소 중 비교적 많은 업소가 있다. 이 중 가장 많은 것이 음식점이고, 인력 관련 업소들이 그 다음으로 많다. 노래연습장과 슈퍼마켓이 그 뒤를 잇고 있으며, 의류, 미용, 유흥업소 등이 있다. 외국계 업소들은 2008년 전체 업소 대비 34.9% 증가, 2009년에는 32.3% 증가, 2010년에는 16.2% 증가, 2011년

표 3-4 다문화마을특구 업소 현황

업종별 \ 국적별	계	내국인 업소	외국계 업소(15개국)															
			소계	중국	파키스탄	베트남	인도네시아	네팔	태국	러시아	방글라데시	필리핀	우즈베키스탄	인도	몽골	미얀마	캄보디아	스리랑카
총계(개소)	1,374	1,045	329	263	15	8	13	5	5	4	4	3	3	2	1	1	1	1
음식점	247	87	160	121	5	5	11	3	3	3	1		2	2	1	1	1	1
인력	139	139																
노래연습장	79	71	8	8														
슈퍼마켓	78	47	31	25	3	1		1	1									
휴대폰	55	48	7	6		1												
다방	53	48	5	5														
고시원	46	46																
의류	45	36	9	7	1							1						
호프	41	29	12	12														
미용업	39	26	13	13														
부동산 중개업	34	34																
종교시설	32	29	3		1						1	1						
여행사 등 112개소	486	405	81	66	5	1	2	1	1	1	2	1	1					

자료: 안산시 외국인주민센터(2012).

에는 6.5% 증가함으로써 지속적으로 증가하고 있지만, 증가 폭은 점차 감소 추세이다.

특구 내 상권 변화율을 살펴보면, 내국인 상가는 2008년 1,054개에서 2009년 1,086개로 증가하였다가 2010년 1,063개 2011년 1,046개,

2012년 1,045개로 줄어들고 있다. 이에 반하여 외국계 상가들은 2008년 149개에서 2009년 201개로 증가하였고, 2010년 266개, 2011년 309개, 2012년 329개로 꾸준히 증가하고 있는 추세이다. 외국계 상가 증가 추이에는 외국 음식점의 증가가 가장 큰 영향 요인이며, 2008년 83개에 불과하였던 외국 음식점이 2012년에는 160개로 4년 사이에 2배 가까이 증가하였다.

다문화마을특구 내 거주자는 총 16,889명이며, 이 중 내국인이 5,610명, 외국인이 11,279명이다. 특히 내국인의 경우 2011년 12월 특구 총 거주자 수의 34.6%를 차지하였다가 2012년 2월 34.5%, 2012년 4월 33.6%, 2012년 6월 33.2%로 지속적인 감소 추세를 보이고 있다. 외국인 주민에 국적 취득자를 포함시킨다면 다문화마을특구 내 외국인 비율은 총 거주자 수의 70% 이상이 된다. 국적별로 살펴보면, 중국 동포의 비율이 77.5%로 가장 많다.

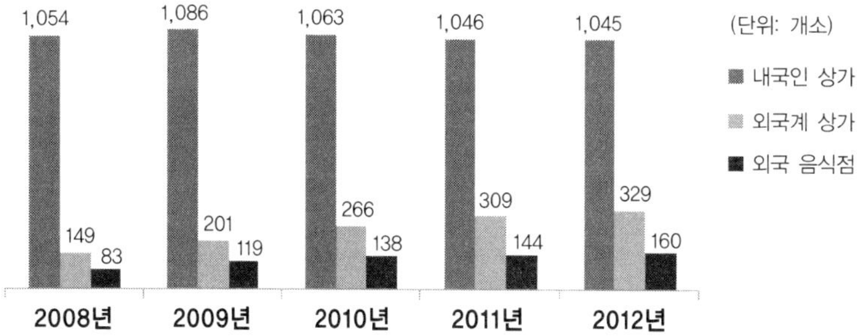

그림 3-10 다문화마을특구 연도별 상권 조사 결과

자료: 안산시 외국인주민센터(2012).

| 제 4 장 |

다문화 시대 장소 마케팅: 안산시 다문화마을특구

제1절 연구 분석들

앞서 살펴보았듯이 공공 부문에 대한 장소 마케팅의 선행 연구들은 대부분 사례 연구로 이루어져 있다. 사례 연구는 사례의 분석을 통하여 유용한 정보들을 유추할 수 있도록 해 주기 때문에 장소 마케팅의 적용에 관한 연구에 널리 활용되어 왔다. 사례 연구는 실생활의 맥락에 존재하는 현상을 조사하는 것이며, 현상과 맥락의 경계가 불분명하고, 실제 상황에서 맥락이 확연히 드러나지 않을 때, 그리고 많은 증거가 이용될 수 있을 때 사용된다(Yin, 1989: 13).

특히 지역 축제, 영화제, 박물관 등 지역 특유의 장소 자산에 따라 장소 마케팅의 전략이 달라지기 때문에 사례 연구를 통한 장소 마케팅 전략 수립 및 실행에 대한 분석은 마케팅 전략 수립에 관한 여러 함의를 제공해 줄 수 있을 것으로 보인다.

다문화특구라는 안산시의 장소 자산은 외국인 밀집 지역에 대한 장소 마케팅 연구에서 문화 다양성을 주민 통합 및 지역 발전 전략에 어떻게 적용할 수 있을 것인가에 대한 가이드라인을 제공해 줄 수 있을 것이다.

이 연구에서는 장소 마케팅의 전략 수립과 실행에 관하여 코틀러(Kotler, 1993: 79)의 전략적 마케팅 계획 과정을 토대로 사례 분석을 실시할 예정이다. 코틀러(P. Kotler)의 장소 마케팅 전략은 대부분의 민간 부문 및 공공 부문 마케팅에 대한 연구에서 유용한 분석틀로 사

그림 4-1 다문화마을특구 장소 마케팅 전략 수립 과정

자료: 송민혜 외(2012: 190).

용되고 있다. 따라서 이를 적용하여 다문화마을특구로 지정된 안산시 원곡동의 장소 자산이 어떻게 형성되었는지, 다문화특구로 어떻게 개발되었는지 그 목적은 무엇이었는지 자세히 살펴보고, 다문화특구가 다문화 공존과 지역 발전을 위한 역할을 수행하기 위하여 어떠한 마케팅 전략을 거쳤는지, 그 결과는 어떠하며, 앞으로 다문화 시대의 지역 활성화 방안은 무엇인지 살펴보도록 할 것이다.

제2절 장소 마케팅 전략 수립 과정

1. 장소 분석

장소 마케팅을 위한 첫 번째 단계는 장소 분석이다. 장소 분석이란 해당 지역이 처한 상황을 정확히 이해하고 평가하는 것을 말한다. 즉, 지역의 경제적 특성이나 인구통계학적 특성을 파악하거나 해당 지역의 경쟁 지역은 어떠한 처지에 있는지에 대한 파악, 지역의 강점과 약점, 기회 요인 및 위협 요인의 분석 등이 이에 포함된다.

이 연구에서 장소 분석은 다문화마을특구가 어떠한 상황에 처해 있었는지에 대한 분석을 실시할 것이다. 즉, 다문화마을특구의 내부 및 외부 환경에 대한 분석 및 다문화마을특구의 강점과 약점 파악, 기회 요인과 위협 요인에 대한 분석을 살펴보도록 할 것이다.

2. 비전과 목표의 수립

장소 분석이 다 이루어졌다면, 이를 토대로 해당 지역에 대한 비전과 목표의 수립이 진행되어야 한다. 비전과 목표를 수립한다는 것은 지역의 단기 계획 및 장기 계획을 수립한다는 뜻이 된다. 특히 비전과 목표의 수립을 위해서는 해당 지역이 처해 있는 환경에 대한 분석과 활용 가능한 재원, 다른 지역과의 비교를 통한 경쟁적 우위 등이 고려되어야 한다. 이는 지역 발전을 위한 전략 수립에 커다란 그림을 그려보는 작업을 뜻하는 것으로 이 연구에서는 다문화마을특구의 발전 방향 및 목표 설정에 대한 분석을 할 것이다.

3. 마케팅 전략 수립

마케팅 전략 수립이란 이전 단계에서 수립된 해당 지역의 비전과 목표를 달성하기 위하여 구체적인 마케팅 전략을 수립하는 것을 뜻한다. 장소 자산을 토대로 해당 지역이 가지고 있는 문화적 콘텐츠의 기획과 개발, 상품화 및 구체적인 실행 전략과 프로그램의 기획 추진이 이에 해당한다(이무용, 2006). 즉, 비전과 목표를 토대로 하여 실현 가능한 형태로 전략을 구체화하는 단계이다. 따라서 이 연구에서는 다문화마을특구가 어떠한 비전과 목표의 수립을 통하여 구체적으로 어떠한 전략을 수립하게 되었는지를 내부 자료를 활용하여 구체적으로 살펴볼 것이다.

4. 실행 계획 수립

앞서 수립된 장소 마케팅 전략을 토대로 구체적인 세부 실행 계획과 평가 기준이 설정되는 것이 실행 계획의 수립이다. 즉, 비전과 목표 실행을 위하여 수립된 마케팅 전략을 더욱 구체화하여 담당 기관과 담당 임무, 실행 내용 등을 명시한 것이 실행 계획 수립 단계이다.

이 연구에서는 다문화마을특구의 실행 계획 수립이 어떠한 절차와 논의를 거쳐 이루어지게 되었는지 살펴보고, 그 내용을 분석해 보기 위하여 내부 자료를 활용한 분석을 실시할 것이다.

5. 전략의 실행과 평가

장소 마케팅 전략 수립 과정의 마지막은 수립된 전략의 실행과 평가가 된다. 해당 지역이 가지고 있는 장소 분석을 통하여 수립된 비전과 목표, 이를 토대로 마련된 마케팅 전략은 구체적인 실행을 통하여 그 성과가 나타나게 된다. 전략 실행에 대한 평가는 평가 후 환류되어 추후 새로운 비전과 목표의 수립에 활용되거나 기존의 지번과 목표 수립 수정에 활용된다.

이 연구에서는 다문화마을특구의 마케팅 전략에 대한 실행 결과를 분석해 보고 그 결과를 평가해 보고자 한다. 다문화마을특구 장소 마케팅의 전략 실행과 평가를 통하여 비슷한 처지에 놓인 지역들을 위한 정책적 시사점을 제공해 줄 수 있을 것으로 기대된다.

제3절 다문화마을특구 장소 마케팅 분석

1. 다문화마을 장소 분석

안산시는 반월·시화국가산업단지가 위치해 있어 외국인 노동자가 다수 밀집해 있는 환경이 조성되었고, 이들의 거주와 생활이 안산시 단원구 원곡동, 즉 안산역 앞 일대를 중심으로 형성되면서 더 많은 외국인이 모여들게 되었다. 대중 교통의 편리성과 이로 인한 접근성의 향상은 다른 지역 외국인이 안산시 거주 외국인과 교류하기 위하여 이 지역을 방문하게 하는 데에도 큰 역할을 하였다. 1990년대 초반, 반월·시화공단 경기가 하락하면서 공단 근로자들이 대거 빠져나갔고 이 자리에 외국인 근로자들이 하나둘 모여들기 시작하였다. 2000년대 들어 외국인 산업연수생들이 대거 몰리면서 산업단지와 가까운 원곡동 일대로 외국인 근로자들이 점차 거주지를 옮김에 따라 외국인 밀집 지역으로 자리를 잡게 되었다. 이 일대는 취업 활동이 용이할 뿐만 아니라 주거 비용이 저렴하며, 지하철과 버스 등 대중 교통 이용이 편리하다는 이점이 있으며, 비슷한 국가의 외국인들이 모이면서 형성되는 동류 의식은 그들만을 위한 만남의 장소나 고향의 정취를 느낄 수 있는 장소로의 밀집을 형성하게 되었다. 이러한 연유로 전국에서 가장 많은 외국인 주민의 거주와 유동 인구 수는 원곡동 일대에 많은 외국계 업소를 형성시켰다. 의식주 중 가장 쉽게 활성화될 수 있는 각국의 음식점과 식료품 가게 및 종교 시설과 기타 상업적 업소들은 원곡동 일대에 이국적 분위기를 조성하기에 충분하였다. 이로 인하여 원곡동 일대는 다양한 문화와 인종이 공존하는 독특한 분위기가 형성되었다.

외국인 노동자로 인하여 형성된 원곡동 외국인 밀집 지역은 이들이 근무지에서 혹은 한국 생활에서 겪는 인권 문제, 임금 문제, 체류 문제 등으로 인해 국가 차원에서 다문화에 대한 관심을 갖기 이전부터 시민단체의 활발한 지원 활동이 지속되어 왔었다. 지방정부 차원에서도 외국인 주민들의 증가로 인한 이들의 관리와 지원에 일찍부터 관심을 갖고 있었다. 이에 안산시는 2005년 전국 최초로 이주민 전담 부서를 설치하고 외국인 주민들에 대한 행정 기반을 마련하였으며, 부서를 더욱 확대 개편하여 2008년 3월 외국인주민센터를 건립하였다. 안산시 외국인주민센터는 다자외무, 지구촌 문화, 국제 교육, 외국인 인권, 다문화 아동의 5개 담당 조직으로 나뉘어 운영되고 있으며, 각 부서에서는 다문화특구 지정 및 개발, 다문화 축제 개최, 한국어 교육, 다문화 이해 교육, 다문화가족 지원사업, 교육 프로그램 개발 등의 업무를 담당하고 있다. 또한 외국인주민센터는 민간과 연계하여 외환송금센터와 무료 진료센터 등을 운영하고 있으며, 이주민 통역 지원, 글로벌 아동센터 운영, 다문화 도서관 운영 등의 업무도 담당, 제공하고 있다. 이로 인하여 외국인주민센터의 운영 노하우와 다양한 프로그램 등은 여러 지방자치단체의 벤치마킹 사례가 되고 있으며, 다른 지역에 사는 외국인들이 더 좋은 서비스를 받기 위하여 방문해 오는 경우도 있다.

또한 외국인 주민들을 대상으로 특화된 식당 및 소매점 등이 활성화되어 있어 주말에는 다른 지역 외국인의 방문이 굉장히 높은 편이다.

그러나 높은 문화 다양성의 독특한 장소 자산을 보유하고 있음에도 불구하고 여전히 내국인 주민은 문화적 차이로 인하여 외국인 주민에 대한 인식에 편견을 가지고 있었다. 2009년 안산시 외국인주민센터가 실시한 설문에 따르면, 안산시 주민은 원곡동 일대가 다문화적인 성격을 지니고 있다는데 56.6%(안산시 거주 20세 이상 남녀 성인 500명 대상)가 동의하였으나, 가장 자주 만나는 외국인의 유형이 외국인 근로자이며 이들에게 느끼는 이질감과 매스컴에서 접하는 범죄 소식으로 인하여 원곡동 일대는 위험하다거나 지저분할 것이라고 생각하고 있었다. 또한 특구 내 외국인이 증가할수록 오히려 내국인 주민들은 다른 지역으로 이주해 가는 유출 현상이 발생하기도 하였다. 외국인 근로자들의 낮은 생활 수준과 기초 질서 준수 의식의 미흡으로 인한 밀집 지역 환경 저하 문제가 본래 이 일대에 거주하던 주민들을 다른 지역으로 유출시키고 있었다. 기존에 형성된 여러 음식점과 상점은 거주 외국인들의 편의를 위하여 운영되고 있었으므로 업소 종류나 시설 등이 관광객들을 유치하고 만족시키기에는 미흡한 점이 많았고 제멋대로 설치된 간판이나 광고물 등으로 인하여 정비가 필요한 실정이었다.

하지만 안산시 단원구 원곡동 일대는 국가와 지방정부 차원에서 다문화의 중요성에 대한 인식이 확산됨으로써 특구 지정과 운영에 대한 많은 관심을 받고 있었다. 다문화라는 단어에서 알 수 있듯이 원곡동 일대는 다양한 인종과 문화가 공존하는 지역이었고, 국가적 차원에서 이들에 대한 포용과 이해가 적극적으로 가시화되고 정책화되던 시기였다. 전국적으로도 외국인 주민의 유입이 지속적으로 증가하는 추세에 있었고, 이들이 정착하여 소비하는 활동이 지역경제 활성화로 이어질 수 있기 때문이었다. 또한 특구 지정으로 인한 대대적인 홍보와 지역 정비사업 등은 우범지역 및 위험지역으로 인식되던 원곡동 일대에 대한 부정적 인식을 바꾸는 계기를 제공해 주고 다문화 도시 안산의 대표 지역으로 거듭날 수 있는 좋은 기회로 작용할 수 있었다. 또한 원곡동 일대 외국인 밀집 지역을 다문화마을특구로 지정하여 성공적으로 운영한다면 이는 다른 지방자치단체에도 다문화 도시에 대한 모범 사례로 적용될 수 있고, 안산시가 다문화 도시의 중심 역할을 담당할 수 있는, 대한민국 다문화 중심 도시로 성장할 가능성을 제공하는 기회가 되는 것이었다.

그러나 외국인 주민의 낮은 질서 의식은 쓰레기 문제, 치안 문제, 주거 환경 저하 문제 등을 발생시키기도 하였다. 주로 동남아시아 국가 출신의 외국인 주민의 경우 질서 의식 수준이 우리나라와 달랐으나 이들이 우리나라에서 기본적으로 지켜야 할 질서 의식에 대한 교육이 제대로 이루어지지 않았고, 이로 인하여 자연히 외국인 밀집 지역이나 거주지역의 환경도 쾌적하지 못한 수준으로 저하되는 문제가 발생하기도 하였다. 이러한 문제 외에도 원곡동 일대로 사람들이 모여들면서 지역의 물가와 임대료가 큰 폭으로 변동하여 이 지역 거주자들의 생활에 어려움을 주는 경우도 발생하였다. 또한 문화와 언어가 다른 다양한 인종이 모여 있는 지역은 이들 사이의 문화적 차이와 갈등이 극단적인 방향으로 나타나게 되기도 하는데, 이러한 갈등이 범죄로 이어지기도 하였다. 원곡동 일대에서 일어나는 이러한 범죄 소식은 매스컴을 통하여 원곡동 일대가 우범지역, 위험한 지역, 살기 힘든 지역이라는 선입견을 형성하였으며, 결과적으로 원곡동에 대한 부정적이고 과장된 인식을 심어주는 계기가 되었다.

표 4-1 다문화마을특구에 대한 SWOT 분석

강점(Strength)	약점(Weakness)
• 전국 최고 수준의 외국인 밀집 지역 • 다문화 관련 민간단체의 활발한 활동 • 외국인 주민 전담 부서의 설립과 활동 • 독특한 분위기와 상업 시설 갖춤	• 안산시 주민들의 다문화 인식 편차 존재 • 외국인 주민 구성의 편중 경향 • 외국인 주민과 내국인 주민 화합 부족 • 관광객 유치 프로그램의 다양성 부족
기회 요인(Opportunity)	**위협 요인(Threat)**
• 국가와 지방 차원에서 다문화 정책의 중요성에 대한 인식 확산 • 전국적인 외국인 주민 유입의 증가 추세 • 다문화센터로의 도약 가능성	• 지나친 외국인 밀집도 등으로 치안 불안 요인 증가 • 원곡동의 큰 폭의 임대료와 물가 변동 • 원곡동에 대한 부정적이고 과장된 인식 존재

2. 다문화마을특구의 비전과 목표 수립 분석

안산시는 전국 최고의 외국인 밀집 도시라는 특징을 가지고 있었고, 이를 적극 반영하여 안산시의 모토와 슬로건, 비전이 도출되었다. 외국인 유동 인구와 거주민들이 전국에서 가장 많다는 점은 안산시 원곡동 일대가 다양한 문화가 공존하는 지역임을 부각시킬 필요성을 가져다 주었다. 안산시는 주말이면 전국에서 외국인 5만 명이 모여드는 원곡동처럼 다양한 문화권의 사람들이 공존하는 곳은 쉽게 찾아보기 힘들며, 이러한 인적 자원을 바탕으로 이곳을 특성화해 다문화 관광명소로 개발할 계획임을 밝혔다. 또한 원곡동 일대는 다양한 인종 및 국가와 문화가 공존하는 지역이므로 안산시는 다문화마을특구가 여러 문화가 교차하는 거점 공간이 될 수 있다고 판단하였다.

따라서 '대한민국 다문화 중심 도시 안산'이라는 모토가 탄생하게 되었고, 지역의 특징을 살려 '다문화가 공존하는 열린 국제도시 안산'을 정책 비전으로 선정하였다. 또한 '언어와 인종, 국적을 넘어서는 따뜻한 지구촌, 대한민국 다문화 중심 도시, 안산에서 시작되고 있습니다.'라는 홍보 문구를 통하여 안산의 다문화 도시 이미지를 강조하고

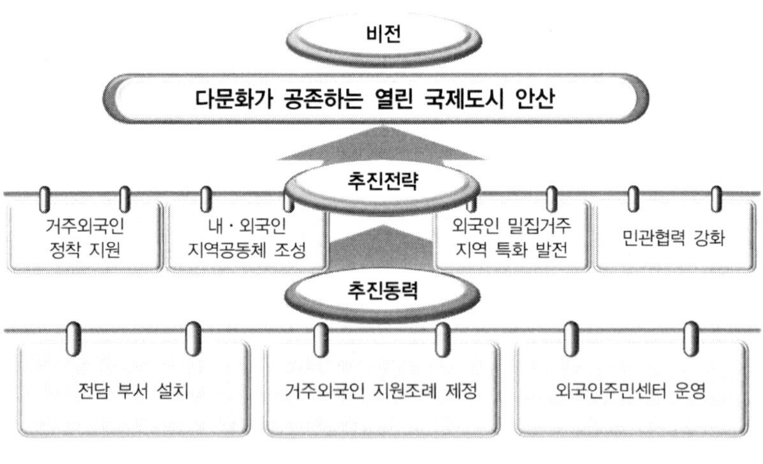

그림 4-2 안산시 다문화 전략과 비전

자료: 안산시 외국인주민센터(2010a).

자 하였다.

그러나 다문화마을특구는 외국인 최대 밀집 지역으로, 다양한 문화가 공존하는 도시였지만 치안 문제나 기초 질서 문제 등으로 인한 어려움을 겪고 있기도 하였다. 외국인 밀집으로 발생하는 범죄 문제나 매스컴에서 보도되는 강도, 살인 소식, 문화적 차이에서 비롯되는 쓰레기 처리 문제, 공중 도덕 문제 등은 '다문화 도시 안산'이 깨끗하고 쾌적한 도시가 아닌 우범지대로 인식될 가능성을 내포하고 있었다. 다양한 나라의 외국인이 밀집한 슬럼 지역으로 전락하게 되느냐, 아니면 다양한 문화가 살아 숨쉬는 특색 있는 도시가 되느냐의 문제는 안산시가 가지고 있는 다문화적 특성을 긍정적인 방향으로 강화시켜야 하는 계기가 되었다. 따라서 다문화적 지역 특성을 부각시키면서 지역을 활성화시키기 위하여 안산시는 원곡동 일대를 다문화마을특구로 지정

비전	해양 · 문화관광 중심 도시	안산에 담긴 이색적인 문화와의 만남
추진 전략	도시문화 관광명소 육성	다문화 공감 기회 확대
전략 사업	다문화마을 컬처 사업	문화와 예술을 통한 소통의 다문화 형성 -다문화 음식거리 투어 육성

그림 4-3 안산시 관광종합개발계획과의 연계 비전 및 전략

자료: 안산시(2012).

하여, 다문화 도시를 특화시키려고 하였다.

따라서 '다문화가 공존하는 열린 국제도시 안산'이 되기 위하여 외국인 주민에 대한 정착 지원과 내·외국인 지역공동체 조성 및 민관 협력, 외국인 밀집 거주 지역에 대한 특화 발전 전략이 필요함을 인식하였고, 도시 브랜드 이미지 향상을 도모하고자 하였다. 이를 위하여 안산시는 다문화 시대에 걸맞게 다문화 교육 및 외국 음식점, 다문화 축제 등 다문화마을특구만이 가지고 있는 지역의 문화적 특성을 관광 상품화하여 관광객 유치로 지역 경제를 활성화시키고 내국인과 외국인이 더불어 사는 국제 마을로 육성할 것을 목표로 하였다.

또한 2012년에는 안산시의 관광종합개발계획과의 연계를 통한 비전과 추진 전략이 제시되기도 하였다. '해양·문화 관광도시 안산'이라는 비전을 내세우고 도시문화 관광명소 육성을 위하여 다문화마을 컬처 사업이 전략사업으로 선정되었다. 이는 안산시의 관광종합개발계획에서 안산이 가지고 있는 다문화 특수성을 이색적인 문화로 선정하여 관광객들에게 다문화 이미지에 대한 공감 기회를 확대하자는 것이었다. 이를 위하여 다문화마을특구 내에 다문화 음식거리 투어를 육성하여 문화와 예술을 통한 소통의 다문화를 형성하고자 하는 계획을 수립하였다. 다문화마을특구 내에는 이색적인 세계 음식점들이 전문 요리사의 초청 등을 통하여 질적 수준이 어느 정도 향상되어 있는 실정이다. 그러므로 접하기 쉬운 음식문화를 활용하여 관광산업과 연계하려 하였다. 특히 안산시의 대표 관광명소 선정을 통하여 외부 관광객을 유치하고 관광도시 브랜드 구축을 위하여 추진하고 있는 안산 9경에 다문화거리가 선정되어 지역 발전계획과 유기적 연계성을 갖게 되었다.

3. 다문화마을특구의 마케팅 전략 및 실행 계획 분석

'다문화가 공존하는 열린 국제도시 안산'이라는 비전과 도시경제 활성화의 목표를 위하여 다문화마을특구의 마케팅 전략은 다양한 문화가 살아 숨쉬는 다문화 도시의 긍정적 이미지를 강화시키는 방향으로 나아가야 하며, 부정적 요소들을 제거하는 전략이 수반되어야 하였다. 특히 다문화마을특구는 외국인 지원 시설이 설치되고, 특구지역이 다문화센터로의 역할을 할 수 있도록 설계되어야 하였으며, 이를 통하여 외국인들이 우리나라에 호감을 갖게 하고 안산시 도시 브랜드 제고에 기여하고자 하는 목적을 가지고 있었다.

다문화마을특구는 다문화센터로의 역할, 도시 이미지의 제고, 지역경제 활성화라는 목표 달성과 '다문화가 공존하는 열린 국제도시 안산'이라는 비전 실현을 위하여 크게 세 가지 사업을 추진하게 되었다. 이는 다문화 인프라 구축 사업과 다문화 의식 함양 사업, 다문화 브랜드 특화 사업이었다. 즉, 다문화 인프라 구축 사업을 통하여 외국인 주민 및 지역 주민과 관광객의 편의를 증진하고, 다문화 의식 함양 사업을 통하여 외국인과 내국인의 화합을 도모하며, 다문화 브랜드 특화 사업을 통하여 안산시가 명실상부한 다문화 국제도시로 성장하기 위한 전략을 마련하려 하였다. 다문화 인프라 구축 사업의 경우는 교통을 정비하여 접근성을 높이고 간판 정비 사업을 통하여 다문화특구 환경을 쾌적하게 조성하려 하는 것이었다. 또한 특구 지정으로 인하여 본래 거주하던 내국인과 이주 외국인 주민이 와해되지 않도록 다문화에 대한 상호 이해와 교류의 장을 마련하려 하였다. 그리고 관광객 유치 및 특색 있는 지역으로 거듭나기 위하여 다문화 브랜드 특화 사업을 계획하였다.

이를 위한 구체적인 전략은 다음과 같았다. 먼저, 다문화 인프라 구축 사업은 다문화마을특구가 다문화 도시로 성장하는 기본적 인프라를 구축하는 것으로 외국인 주민의 편의 증진 및 관광객의 다문화마을 특구로의 접근성 강화와도 관련 있는 것이었다. 이 사업은 세부적으로 외국인주민센터 활성화와 안산역 대중 교통 환승센터의 구축, 간판이 아름다운 거리 특성화로 나뉜다. 외국인지원센터는 외국인 주민의 전반적인 생활의 편의와 안산시 다문화 관련 업무를 담당하는 사업소로, 행정 지원은 물론 교육, 의료, 외환 송금, 다문화 행사 개최 등 다문화 관련 전반적 업무들을 기획, 운영, 처리한다. 인근의 외국인 주민뿐만 아니라 다른 지역의 외국인도 안산시 외국인주민센터의 다양한 프로그램을 이용할 수 있도록 함으로써 다른 지역 외국인의 다문화마을특구 방문을 도모하였다. 또한 다문화마을특구로의 접근성을 강화하고, 대중 교통 이용객의 편의 증진을 위하여 안산역 대중 교통 환승센터를 설치하여, 지하철과 버스와의 연계성 강화를 통하여 더 편리하게 대중 교통을 이용하여 다문화마을특구로 접근할 수 있도록 하였다. 다문화마을특구 내 국경 없는 거리의 간판 정비 사업은 우후죽순처럼 생겨나는 각양각색의 간판이 거리 미화를 해치고 오히려 난잡한 이미지를 심어주게 되자 방문객들에게 다문화마을특구 내 상가 이미지를 고급화시켜 제공할 수 있도록 정비 사업을 계획하였다.

다문화 의식 함양 사업은 특구 내 외국인 주민과 지역 주민과의 의식 차이를 줄이고 서로 다양한 문화를 존중하고 화합할 수 있는 다문

표 4-2 다문화마을특구 내 사업 추진 계획

구분	사업 명칭	주요 내용
다문화 인프라 구축	외국인주민센터 운영 활성화 (2007~2013)	• 교육 · 문화체육 · 상담 및 커뮤니티 지원 • 외국인무료진료센터 및 외환송금센터 운영
	안산역 대중 교통 환승센터 구축 (2007~2008)	• 교통 수단 간 편리한 환승 체계 및 쾌적한 보행 환경 구축 • 외국인 마을 관문 역할 수행
	간판이 아름다운 거리 특성화 (2008~2009)	• 국경 없는 거리 간판 일제 정비 • 상가 이미지 고급화
다문화 의식 함양 사업	다문화원 건립 (2013~)	• 다문화 전시 · 홍보 · 및 각국 어학당 개설, • 외국인 주민을 위한 생활형 복지 공간 조성 • 외국인 식당, 식품, 제품 등 상품 판매 공간 마련
	만남의 광장 활성화 (2007~2013)	• 외국인의 모임과 이벤트, 행사 · 축제의 공간으로 활용
	국제 다문화 심포지엄 개최 (2009~2013)	• 다문화 선진 도시와 협력과 교류 통한 외국인 정책 및 실천 방안 모색
다문화 브랜드 특화 사업	특화 거리 조성 (2008~2013)	• 거리 이미지 제고 및 쾌적한 보행 환경 조성 • 주요 국가별 상징 설치, 이국적 분위기 조성
	외국계 음식점 특화 (2009~2013)	• 특구 내 외국계 음식점을 관광 상품화
	세계 전통민속 축제 개최 (2008~2013)	• 국가별 고유 축제 및 전통음식축제 등 다양한 문화축제 통한 관광객 유치 • 다양한 문화행사 개최를 통한 다문화 인식 제고

자료: 안산시 외국인주민센터(2010b).

화 공동체를 만들기 위하여 실시하는 사업이다. 이 분야의 첫 번째 사업은 만남의 광장 활성화로, 다문화마을특구 만남의 광장에 야외무대와 공연장을 설치하여 국가별 주간 행사를 열거나 공연을 상연하고 외국인 모임이나 이벤트 행사를 여는 등 축제 공간을 제공하기 위한 사업이다. 다문화 마을이라는 이름에 걸맞게 다양한 문화의 축제와 공연이 상시 행해질 수 있는 공간을 제공함으로써 이 지역 내·외국인 주민들이 다양한 문화를 접할 수 있게 되었다. 또한 국제 다문화 심포지엄의 개최로 다문화 선진 도시들과의 협력과 교류를 통하여 외국의 다문화 사회 진입에서 시행착오와 문제 해결 방안에 대한 의견을 공유하는 자리를 마련하려 하였다. 국제 다문화 심포지엄은 국외뿐만 아니라 국내에 비슷한 고민을 겪고 있는 지방자치단체들에 다문화 화합과 다양성 인정을 통한 공존의 길을 모색해 보는데도 도움을 줄 수 있는 자리이다. 국제 심포지엄은 1회성에 그치지 않고 매년 국제적인 토론과 공론의 자리를 마련함으로써 정책적인 시사점과 구체적인 실천 방안 등을 모색할 수 있는 자리가 될 것으로 예상되었다. 다문화원 건립은 다문화원 내에 풍물전시장이나 음식체험관을 마련하여 내·외국인들이 다문화 체험 공간으로 활용할 수 있도록 하며, 외국인 주민을 위한 생활형 복지 공간을 조성하고 다문화 전시·홍보 공간을 마련하기 위한 것이었다.

마지막으로 다문화 브랜드 특화 사업은 다문화마을특구 내의 다문화 요소들을 관광 상품화하기 위하여 더욱 부각시키려는 사업으로, 특화거리 조성과 외국계 음식점 특화, 세계 전통민속 축제 개최 등이 수립되었다. 다문화마을특구 내 특화거리 조성은 걷고 싶은 거리, 전선의 지중화, 일방 통행로를 조성하여 거리 이미지를 제고하고 쾌적한 보행 환경을 조성하려는 사업이다. 또한 외국인 마을을 상징하는 주요 국가별 상징 조형물을 설치함으로써 이국적 분위기를 조성하려 하였다. 특히 외국계 음식점의 특화는 특구 내 다양한 국가(15개국)의 특색 있고 전통적인 고유 음식을 맛볼 수 있게 함으로써 이를 관광상품화하려는 전략이 바탕이 되었다. 그리고 이를 위하여 관광식당 지정 및 전문 요리사의 고용을 위한 절차상의 규제 특례를 제공하도록 하였다. 또한 관광객 유치를 위한 볼거리에도 관심을 기울여 태국의 쏭

표 4-3 특화사업 추진 계획

구분	추진 기간	사업비(억 원)				
		계	국비	시·도비	시·군·구비	민자
계		186.5	2	72.4	106.8	5.3
외국인주민센터 운영 활성화	2007~ 2013	33.9	2	16	15.9	
안산역 대중 교통 환승센터 구축	2007~ 2008	41		20.5	20.5	
간판이 아름다운 거리 특성화	2008~ 2009	5.3		2.4	2.9	
다문화원 건립	2013~	67		33.5	33.5	
안산 다문화 국제 포럼 개최	2009~ 2013	7.5			7.5	
만남의 광장 활성화	2007~ 2013	5.6			5.6	
특화 거리 조성	2008~ 2013	22.3			17	5.3
외국 음식점 특화	2009~ 2013	0.4			0.4	
세계 전통민속 축제 개최	2008~ 2013	3.5			3.5	

자료: 안산시(2012).

크란 축제(4월), 인도네시아 민속장터(8월), 외국인 어울림한마당(10월) 등 및 세계 전통민속 축제를 개최하여 국가별 고유 축제를 방문객들이 체험하도록 하고, 이를 다양한 관광 상품과 연계하려 하였다.

이와 관련하여 사업비에 대한 계획은 크게 국비와 시·도비, 시·군·구비, 민자로 나눌 수 있다. 다문화마을특구 내 사업은 시·군·구비의 비율이 가장 높고, 그 다음으로 시·도비로 운영이 되었다. 사업에 따라서 국비와 민자가 포함되기도 하였는데, 외국인주민센터 활성화의 경우 결혼 이민자들의 교육이나 다문화 아동에 대한 지원, 외국인 노동자에 대한 지원 등에서 중앙정부와의 협력 및 지원을 통한 사업이 많아 국비 지원을 받았고, 특화거리 조성에는 민간의 투자 유치를 통하여 5.3억 원의 지원을 받게 되었다.

사업비의 규모는 다문화원 건립에 67억 원의 사업비가 소요될 예정이었고, 안산역 대중교통 환승센터의 구축에 가장 많은 사업비 41억 원이 투입되었으며, 외국인주민센터 운영 활성화는 33.9억 원, 특화 거리 조성에 22.3억 원이 투입되었다. 다문화마을특구의 외국 음식점 특화 사업의 경우는 외국계 음식점 종사자인 외국인 요리사 등에 사증 발급 추천자를 지자체장으로 완화하는 특구법 제20조 2항에 따라 규제 특례를 적용함으로써 비교적 적은 비용의 사업비가 소요되었다.

특히 다문화마을특구에 대한 사업 수립과 실행은 규제 특례에 기반하여 실시되었다. 다문화마을특구는 지역특화발전특구로서 정부에서 재정적 지원을 받는 것이 아닌 규제 특례를 통해 지역 활성화를 도모하는 것이기 때문이다. 따라서 안산시에서는 다문화마을특구 발전을

표 4-4 다문화마을특구 적용 규제 특례

규제 특례 적용 사항	협의 기관
• 출입국관리법에 관한 특례(제26조 제1항) – 외국 음식점 요리사 사증 발급 시 발급 절차 간소화	법무부
• 옥외광고물 등 관리법에 관한 특례(제23조 제1항) – 홍보용 옥외광고물 설치 기준을 별도 조례로 제정	행정안전부
• 도로 통행 금지 · 제한 등의 조치(제22조 제1항) – 다문화축제 시 도로에 차량의 통행 금지 또는 제한	안산단원 경찰서

자료: 안산시 외국인주민센터(2010b).

위하여 다음과 같은 규제 특례 사항을 건의하였고, 다문화마을특구가 적용받는 특례 사항은 <표 4-4>에서 보는 것과 같다.

다문화마을특구 적용 규제 특례는 외국계 음식점 종사자인 외국인 요리사 등에게 사증 발급 추천자를 지자체장으로 완화해 주는 출입국관리에 관한 특례(특구법 제20조 제2항)를 적용받고, 지역축제의 원활한 진행을 위하여 차량 통행을 일시 제한 · 금지할 수 있는 도로 통행 금지 · 제한 등의 조치(특구법 제22조 제1항)에 관한 특례와 옥외광고물 표시 기준을 조례로 규정(특구법 제23조)할 수 있는 옥외광고물 등 관리법에 관한 특례이다. 이 세 가지 규제 특례는 다문화마을특구의 축제 혹은 행사 진행을 원활히 해주고, 음식점 특화 사업에서 전문 요리사의 영입 절차를 간소화시켜 주며, 지역 특생을 살리기 위한 간판의 정비나 조형물 혹은 홍보물의 설치 시 복잡한 기준에 대한 제한을 받지 않도록 하였다.

4. 다문화마을특구에 대한 마케팅의 실행과 평가

앞서 살펴보았듯이 다문화마을특구가 가진 장소 자산의 파악을 통하여 다문화마을특구가 관광객 유치 및 다문화 공존 도시로 거듭나기 위하여 여러 전략 사업의 계획이 수립되었음을 살펴보았다. 다문화마을특구에 대한 장소 분석과 전략 수립 후에는 전략의 실행과 평가가 중요한 요소가 된다. 특히 평가 단계에서 중요한 것은 장소 마케팅이 지역 발전을 위한 패러다임으로 역할을 제대로 해냈는지에 대한 평가이다. 이는 산출물의 측정이나 결과물의 측정, 예산 수립 및 집행 등을 통하여 평가해 볼 수 있다.

먼저 다문화마을 특화 사업에 대한 추진 실적을 살펴보면 다음과 같다. 2012년 12월을 기준으로 살펴보면 이제까지 다문화마을의 사업은 특화 사업인 다문화 인프라 구축, 사업 다문화 의식 함양 사업, 다문화 브랜드 특화 사업 중 다문화 인프라 구축 사업과 다문화 브랜드 특화 사업이 가장 활발하게 진행되었다. 가장 대표적으로 안산역 대중교통 환승센터가 구축되어 지하철과 버스의 환승이 편해지고 접근성이 더욱 높아지게 되었다. 또한 외국인주민센터도 더욱 활성화되어 외국인 주민에 대한 교육, 상담 및 지원 프로그램이 증가하였다. 국제 심포지엄의 경우는 연 1회 정기적으로 국제적인 다문화 포럼이 개최되고 있으며, 다문화 도시의 공존 모색과 성공 사례를 통한 논의가 활발히 진행되고 있다. 또한 만남의 광장도 설치 취지대로 국가별 주간 행사 및 테마 공연에 활용되어 설날 행사나 세계인의 날 행사, 한가위

맞이 만월 행사 등에 활용되었다. 다문화마을특구 내 특화거리 조성을 위하여 상징 조형물이 설치되었는데, 이는 음식거리에 대한 상징물 설치와 외국 음식점과 다문화 음식 표지판의 설치를 그 내용으로 하고 있다. 외국 음식점의 특화를 위하여 다문화 음식거리가 조성되었는데, 외국인 요리사 초청 및 고용을 통한 현지 맛의 재현뿐만 아니라 다문화 음식점들의 컨설팅과 위생 교육 실시, 다문화 음식거리 홍보 책자의 제작과 배부, 다문화 음식거리 위생용품 지원 등이 실행되었다. 또한 아무데서나 볼 수 없었던 각 국가의 전통 축제들이 다문화마을특구 내에서 활발히 재현되었다. 세계 전통민속 축제의 개최를 통하여 다문화 축제들이 각 나라 축제 시기에 맞추어 개최됨으로써 관광객들에게 많은 볼거리를 제공하였다. 이는 대표적으로 4월에 태국의 쏭크란 축제와 8월에 인도네시아 민속장터, 10월에 외국인 어울림 한마당 축제를 포함하여 인도네시아 라마단, 캄보디아 번엄뚝, 네팔의 네팔데이 등이 각 시기에 맞추어 개최되었다.

다문화마을특구는 지역 활성화와 관광객 유치, 지역 발전 등의 목적에 비추어보았을 때 이들의 성과는 다음과 같았다. 특구의 총 상가 수 및 외국계 업소들이 지속적으로 증가하였으며, 방문객 수도 전년 대비 증가하였고, 특구지역으로의 투자 이민자(D-8)[1] 유입도 꾸준히 증가하였다. 먼저, 일자리 창출 수를 살펴보면, 특구가 지정된 2009년 이후 다문화마을특구 내 일자리 창출 수는 2009년 169건에서 2010년 84건,

1) D-8(기업 투자)은 5천만 원 이상 투자자로 2~5년을 체류할 수 있는 비자를 말한다.

표 4-5 다문화마을 특화사업 누계 추진 실적

사업명	추진 계획	추진 실적	달성도(%)
다문화 국제 심포지엄	안산 다문화 포럼 개최	포럼 등 연 1회 개최	100
만남의 광장 활성화	국가별 주간 행사 및 테마 공연	설날 행사 등 추진(18회)	100
특화거리 조성	상징 조형물 설치	키다리 아저씨 상징물 설치 등 3회	100
외국 음식점 특화	다문화 음식거리 조성	음식거리 홍보, 홍보 책자 배부 등	100
세계 전통민속 축제 개최	다문화 축제 개최	세계인의 날 및 국가별 공동체 행사 등 태국 쏭크란 축제(4월) 인도네시아 민속장터(8월) 외국인 어울림 한마당(10월) 국가별 단체 행사 (인도네시아 라마단, 캄보디아 번엄뚝, 네팔 네팔데이 등)	100

자료: 안산시(2012).

2011년 52건, 2012년 21건으로 그 증가폭은 줄어들고 있으나 매년 꾸준한 증가 추세를 보이고 있다. 특구 내 상가 수도 2009년 1,287개에서 2010년 1,329개로 3.3%의 증가율을 보였으며, 2011년에는 1,355개소, 2012년에는 1,374개소로 증가율은 미미하나 상가 수도 꾸준히 증가하는 추세이다. 이 중 외국계 업소는 2009년 201개에서 2010년 266개소로 32.3%의 증가율을 보였으며, 2011년에는 외국계 업소 수가 300개를 넘어서 309개로 집계되었고, 2012년에는 329개로 나타나 다문화마을특구 지정 이후 약 63%가량의 증가세를 보이는 것으로 나타났다. 또한 다문화마을특구 내에서 다문화 음식거리 조성에 크게 활약하고 있는 외국인 음식점들도 관광상품화 전략을 통하여 꾸준히 유치되고 있는 것으로 나타났다. 2008년 83개에서 2019년 119개로 증가하였고, 2010년 138개, 2011년 144개, 2012년 160개로 증가하였다. 특히 중국, 베트남, 캄보디아, 파키스탄과 네팔, 나이지리아 음식점은 투자 이민자들이 개업함으로써 특구 지정으로 인하여 외국인의 투자가 지역에 대한 투자로 이어졌다는 분석이 나오기도 하였다.

특구 홍보 실적을 보면 지역 매체와 전국 매체인 방송, 신문, 잡지 등을 통하여 꾸준히 홍보되고 있으며, 2012년에는 '2012 경기도 창의·인성 교육나눔 박람회'와 '제1회 대한민국 평생학습박람회'에서 안산의 다문화 정책 소개 홍보 활동을 펼친 바 있다. 또한 다문화마을특구의 운영 성과는 외국인주민센터 이용 내국인 및 외국인 수로 평가되기도 하는데, 2010년부터는 연간 2만 명이 넘는 내국인과 외국인이 안산시 다문화마을특구의 정책과 운영에 대한 벤치마킹을 위하여 방문하고 있다.

이러한 객관적인 다문화마을특구의 운영 성과를 통해 다문화마을특구의 장소 마케팅 전략에 따른 각 연도별 사업 추진 실적도 달성도가 거의 사업 계획 대비 100%에 이르렀음을 알 수 있다. 특구 지정 전과 비교해 보았을 때 일자리 창출 건수 및 방문객 수와 투자 이민자의 유입 증가를 보더라도 다문화마을특구의 전략은 어느 정도 성과를 거두었다고 판단할 수 있다.

그러나 규제특례 활용 실적 및 빈도는 2009년에는 계획 대비 실적에 16.6%만을 기록하는 데 그쳤다. 특구 지정 사유가 규제 특례를 통한 경제 활성화라는 점에 비추어봤을 때 이는 아주 낮은 활용 수준이

표 4-6 다문화마을특구 운영 성과

	2008년	2009년	2010년	2011년	2012년
일자리 창출 수	–	169건	84건	52	21
방문객 수	–	8,700명	13,700명	10,700	–
특구 내 상가 수	–	1,287개	1,329개	1355	1374
외국계 업소 수		201개	266개	309개	329개
투자 이민자 유입	82명	118명	120명	–	–
신규 유치 음식점	–	84개	42개	26개	17개
연도별 사업 추진 실적	–	100%	100%	100%	100%
특구 홍보 실적	–	–	지역매체 (26회), 전국매체 (28회)	방송(2회), 신문(69회) ,잡지(1회)	방송(8회) 신문(90회) 박람회(2회)
외국인주민센터 이용 내 · 외국인 수		13,000명	20,000명	21,000명	20,000
외국인주민센터 및 특구지역 벤치마킹 방문 인원		143회 2,165명	167회 2,230명	179회 3,048명	394회 14,932명

* 일자리 창출 : 2010년 전국 소상공인 실태조사 보고서(소상공인진흥원) "종업원 관련 현황": 평균 2.01명.
* 신규 상가 수 : 2009, 2010, 2011년 특구지역 상권조사 보고서(자체보고서).
* 외국인주민센터 이용 수: 외국인주민센터 운영 프로그램을 이용하는 내·외국인.
* 외국인주민센터 및 특구지역 벤치마킹 인원: 센터 및 특구를 방문하는 외국, 중앙부처, 지방자치단체, 시민단체, 시민 등(내부자료)' 외국인 정책 우수 사례 지표 , 2012년도 특구 다문화홍보학습관 운영 실적 포함.

자료: 안산시(2012) 자료 재구성.

며, 실적이 거의 없어 그 실효성이 의심된다. 도로 통행 금지 · 제한 및 옥외광고물 허용 기준의 경우 현 법령 내에서 사업 추진이 가능하여 규제 특례를 받지 않아도 되고, 사증 발급의 간소화의 경우 까다로운 관광식당 지정 요건으로 인하여 외국인 전문 요리사의 초청이 어려워 관광식당 지정이 불가하였다. 관광식당으로 지정되지 않으면 현지 전문 요리사를 초청할 수 없기 때문에 '사증 절차 간소화 특례'에도 불구하고 대부분의 식당이 이를 활용하지 못하였다.

특히 다문화마을특구 내에서의 전략 사업인 다문화 음식거리 조성은 외국 음식점의 외국인 조리사 초청은 사업의 성패와도 관련이 있기 때문에 이에 대한 적극적 활용이 필요하였다. 특구지역 외국 음식점 이용자의 85% 이상이 외국인 주민으로 다양한 정통식 외국 요리를 제공하기 위하여 전문 외국인 조리사 고용이 필요하였던 것이다. 따라서 사증 발급 시 특구관할자치단체장 확인에 대한 규제 특례는 특구지역 외국 음식점이 기존 외국인 조리사 초청 기준(내국인 고용, 면적, 매출액 등)을 갖추기 어려운 실정으로 특구지역 외국인 조리사 초청 예외 기준이 필요하였다, 이에 따라 이러한 기준을 완화하여 2011년 12월 23일 특구 지역 외국 음식점 외국인 조리사 초청 기준 완화를 통보하였다. 그 결과 2012년에는 49건의 추천서가 접수되었다.

도로 통행 금지·제한 등의 조치와 옥외광고물 허용 기준에 대한 규제 특례는 특구 내에서 행사 개최 시 필요한 부분이 있을 경우만 활용되었다. 특히 2012년 한가위 축제 명절 행사 등 이동 및 참여식 행사로 인하여 도로 통행 제한이 불필요한 경우는 활용하지 않았다. 또한 옥외광고물도 법령 설치 기준 내에서 설치한 경우는 규제 특례를 활용하지 않았다. 이로 인하여 2012년까지의 누적 규제 특례 활용률은 33%로 나타났다.

또한 가시적 성과라 할 수 있는 다문화홍보학습관은 홍보관과 강의

표 4-7 규제 특례 활용 실적 및 빈도(최근 3개년)

규제 특례	적용 범위	2009년	2010년	2011년	2012년
사증 발급 시 특구 관할 자치단체장 확인 (제26조 제1항)	외국 음식점 전문 요리사 초청	1	실적 없음	실적 없음	49건
도로 통행 금지·제한 등의 조치(제22조 제1항)	대규모 다문화 행사	실적 없음	실적 없음	3회	실적 없음
옥외광고물 허용 기준 (제23조 제1항)	특구 상징 조형물 설치	실적 없음	실적 없음	실적 없음	실적 없음

자료: 안산시(2012).

실, 체험교실 등으로 이루어져 있는데, 2012년 2월 운영 이후 '찾아오는 다문화 체험'에 221회 4,234명 참여와 다문화홍보학습관 방문 인원 7,670명으로 2012년 개관 이후 한 해 동안 총 11,904명이 방문한 것으로 나타났다. 홍보관에서는 세계 악기와 인형, 의상 등을 전시하고 있으며, 세계 전통 의상을 입어보거나 놀이 체험, 포토존 등을 통하여 방문객들에게 직·간접적인 다문화 체험 기회를 제공하고 있다. 체험 국가들 또한 중국, 일본, 러시아를 비롯하여 네팔, 콩고, 엘살바도르, 라이베리아, 키르키즈스탄 등 평소 접해 보지 못한 국가들의 문화를 각국 출신 다문화 강사들의 도움을 통하여 접할 기회를 제공하고 있다.

다문화홍보학습관에서는 외국인들에 대한 한국어 교육과 외국어 회화 동아리 카페(cafe)도 운영하고 있는데, 동아리 카페의 경우는 안산시 거주 시민을 대상으로 언어별 회화 동아리를 구성하여 스터디 모임을 구축하게 하고 있다. 이는 시민들과 외국인 강사 간에 상호 소통하는 자발적인 언어 동아리를 운영하도록 함으로써 안산시 시민들에게 외국어 습득 기회도 제공하고 다문화에 대한 교양 향유 및 다문화 소통의 기회를 제공하고 있다.

다문화홍보학습관의 이러한 운영은 다문화마을특구 계획 시 다문화 홍보 시설 조성을 통한 다문화 이해 증진과 공감대 형성이라는 전략에 부합하는 것이다. 또한 다문화마을특구 내의 다문화 인적 자원을 적절히 활용하여 이를 통하여 내국인과 외국인이 함께 어울릴 수 있는 다문화 공간을 제공함으로써 자연스러운 이해와 소통을 이끌어 낼 수 있는 공간이 될 것으로 보인다.

이와 더불어 특구 운영에 중요한 역할을 하는 것으로서 협력 네트워크 구축 및 운영을 들 수 있다. 다문화마을특구 운영은 사업 계획 수립 및 실행이 자치단체를 중심으로 이루어지기는 하지만 인력 부족과 비용 문제로 인하여 민간의 협력이 필요한 경우도 많다. 지역 주민들의 특구 운영 참여를 살펴보면, 2012년 한 해 동안 다문화 포럼과 환경 정비 교육, 특구 대청소 등에 지역 주민과 유관 기관 및 단체 등이 참여하였다. 다문화 포럼에서는 지역 주민과 유관 기관 및 단체들이 특구지역 발전을 위한 주제 발표와 토론 등에 함께 참여하였고, 다문화마을특구 내 건물 관리인과 부동산 중개업소 등에 환경 정비를 위한 재활용 봉투 사용 홍보 및 불법 투기 예방 홍보물을 발송하였다. 또한 지역 주민과 교육생들과 함께 특구지역 환경 정비를 위한 특구 재청소를 실시하기도 하였다.

지역 주민들 외에도 지역 대학과 지역특화센터, 외부 조직과의 상시 협력 체계 구축도 다문화마을특구의 성공적인 관리에 일조하고 있다.

안산지청 범죄피해자지원센터에서는 외국인 밀집 지역에 대하여 범죄 없는 거리 조성을 위하여 특구거리 환경 개선과 국토대청결운동 등을 추진하였다. 또한 범죄 예방을 위한 토론회를 개최하여 지역 주민의 의견을 수렴하였으며, 다문화마을특구 내에서는 자율적인 순찰대를 조직하여 치안 강화에 힘쓰고 있다.

기초 질서에 대한 의식이 비교적 약한 외국인 주민들로 인하여 발생되는 다문화마을특구 환경 저하 문제는 원곡본동 등의 지역 주민이 참여하여 특구 내 환경 개선 활동을 벌이기도 하였다. 외국인 주민에게 환경 개선에 대한 홍보를 실시하고 쓰레기의 불법 투기에 대한 단속을 실시하였다. 또한 쓰레기 종량제에 대한 홍보와 단속에 관한 서한을 발송하고 외국인 주민에게 관련 홍보물 배부를 통하여 기초 질

표 4-8 지역 주민의 특구 운영 참여

구분	일시	대상	인원	세부 특화 사업명
다문화 포럼	2012.7.19	지역 주민 · 유관기관 · 단체	100여명	특구지역 발전을 위한 주제 발표 및 토론
환경 정비 교육	2012.10.29 ~11.9	건물관리인 · 부동산 중개업소 등	809명	재활용 봉투 사용 홍보 및 세입자 불법 투기 예방 홍보
특구 대청소	2012.3. 25 외 1	지역 주민 및 교육생	230여명	특구지역 환경 정비 강화

자료: 안산시(2012).

서 확립에 대한 의식을 환기시키려 하였다. 본국으로의 연락망으로 공중전화가 자주 사용되는 다문화마을특구 내에서는 공중전화의 위생적인 관리와 고장 파손 등에 대비하기 위하여 공중전화에 대한 청소 등 지속적인 관리를 KT 지국에 통보하였다. 또한 특구 내 환경 개선을 위한 순찰대의 간담회와 캠페인, 특구 현안 사항 회의 등이 개최되어 특구 내에서 발생되는 환경 문제와 치안 문제 등에 대한 토의 및 협의가 이루어지기도 하였다. 그리고 거주 외국인 지원 민관협의체[2]는 연 6회 회의를 통하여 특구 지역의 개발과 외국인 주민 지원에 대한 협의를 이루어내기도 하였다.

앞서 살펴본 다문화마을특구 운영에 대한 성과는 어느 정도 특구 운영 당시 수립하였던 계획을 달성한 것으로 보인다. 지역경제 활성화 측면에서 다문화마을특구 내 관광객 수 증가나 상가 수 증가, 일자리 창출 등은 소기의 목적 달성을 평가하기에 적절한 지표라 생각된다. 특구 운영 방침을 안산시 전체 지역경제 발전계획에 반영하여 안산시의 관광종합개발계획과 연계한 점도 다문화마을특구의 발전 전략이 미시적으로 특구 내에서 그치는 것이 아니라 거시적인 지역 발전 정책과 연계되어 앞으로의 더 큰 발전 가능성을 얻게 되었다는 데 그 의의를 찾을 수 있다. 또한 자치단체의 일방적인 사업 수립 및 시행이 아니라 지역 주민과 유관 기관 및 단체들과의 협력 네트워크 구축을

2) 거주 외국인 지원 민·관협의체는 특구지역을 포함한 안산시 거주 외국인 주민 지원 사업을 협의·조정하는 조직을 말한다(안산시외국인주민센터, 2012. 안산 다문화마을특구운영보고서).

표 4-9 대학교와 지역특화센터, TP 등 외부 조직과의 상시 협력 체계 구축

기관명	형태	'12년도 실적
안산지청 범죄피해자 지원센터	외국인 밀집 지역 범죄 없는 거리 조성 추진	• 외국인 밀집 지역(특구지역) 범죄 없는 거리 조성 – 특구거리 환경 개선 국토대청결운동 추진: 2012.7.9.(300여명) – 범죄예방 토론회: 2012.8.27.(160명) – 원곡특별순찰대, 자율방범대, 로보캅순찰대 등 범죄예방 활동 연중 추진
원곡본동 등	특구 내 환경 개선	• 홍보 및 단속 – 국토대청결운동 및 캠페인: 2회 143명 – 쓰레기 불법투기 합동 단속: 128명 (단속 43건 과태료 부과, 계도 4건) – 쓰레기 종량제 홍보 및 서한문 발송: 714세대 – 홍보 및 단속 전단지 배부: 4,000매 – 공중전화 관리 실태 조사: 청소 등 지속 관리 통보 – 외국인 자원순찰대 간담회 및 캠페인: 45명 – 특구 현안 사항 회의: 단원 구청장 등 관련 부서 9명
거주외국인 지원 민관협의체	협의체	• 회의: 6회 – 구성 : 17명(출입국관리소, 경찰서, 고용노동부 등 유관 기관, 외국인지원단체, 학계, 외국인 및 지역 주민 등 – 내용: 특구지역 개발, 외국인주민 지원 등 협의

자료: 안산시(2012).

이끌어 냈다는 점도 크게 평가받을 수 있다. 즉, 다문화마을특구 운영과 모니터링에 이들이 적극 참여할 수 있게 함으로써 다문화마을특구에 대한 문제점을 파악하고 이에 대한 해결책을 함께 모색할 수 있었다. 이는 본인들이 속한 지역 문제 해결에 지역 주민들이 적극 참여할 수 있는 계기를 제공해 준다는 의의도 갖는다.

그러나 다문화마을특구 전략 수립 사업에 대한 목표달성도와는 별개로 도출되는 문제점을 살펴보면 다음과 같다.

다문화마을특구 내 상가 수가 증가하기는 하였으나, 그 종류가 음식점 및 식료·잡화점에 90% 이상이 치우쳐 있어 음식점을 제외하고는 별다른 이국적인 상가들을 찾아볼 수 없다. 이러한 상가 구성 비율로는 다문화적인 특색을 살리는 거리로 거듭나기는 불충분해 보인다. 또한 외국인 주민 대다수가 중국인이므로 외국 상가 수도 중국계 업소가 많아 여러 국가의 고른 특색을 제대로 반영하지 못한다는 한계점도 갖고 있다. 다문화마을특구의 중점 사업으로 외국 음식점 특화 사업이 상당한 비중을 차지한다고 보았을 때, 다문화 음식거리에 대한 홍보도 중요하기는 하지만 특색 있는 음식점들로 이루어진 음식거리의 조성이 더욱 중요하다고 판단된다.

다문화마을특구 내 전략 실행을 위한 예산이 부족하다는 한계점도 나타났는데, 대부분의 사업이 시·도비로 운영되지만 사업 추진에 부족한 점이 많고, 이를 보완하기 위하여 대부분 국비에서 지원받거나 민자를 유치하는 방식으로 재원을 확보하고 있다. 그러나 이러한 방식의 재원 확보는 한정적이기 때문에 사업 규모를 본래보다 축소시키거나 일정이 미루어지는 등 전략 추진에 제약을 받을 수 있다는 한계점을 갖는다.

제5장

다문화마을특구 장소 마케팅의 시사점

제1절 장소 자산에 대한 정확한 인식 필요

장소 마케팅의 첫 번째 단계는 장소 자산의 파악이다. 즉, 우리 지역이 가진 특유의 장소성은 무엇이며, 이것이 어떻게 형성되었고 앞으로 어떻게 변화할 것인지에 대한 예측이 수반되어야 한다. 특히 다문화 시대에 지역 주민과 외국인 주민 간의 통합, 더 나아가 거시적인 국민 통합의 입장에서도 지방정부의 다문화적 특색들이 어떻게 부각되고 활용되는가는 다문화 시대 국가 발전 전략과도 연계되는 사항이라 할 수 있다. 간혹 이에 대한 고려 없이 유행에 편승하거나 잘못된 장소 자산의 개발로 지역 발전에 도움이 되기는커녕 오히려 지역 발전을 저해하는 마케팅이 등장하기도 하는데, 이러한 시행착오를 겪지 않으려면 각 지역이 가진 장소 자산에 대한 정확한 파악이 필요하다.

다문화마을특구도 문화 다양성을 자산으로 인식하기 이전부터 안산시 원곡동 일대에 나타난 인구 이동 및 환경 변화와 앞으로의 변화 예측을 통하여 다문화마을특구 지정 및 운영 계획을 세울 수 있었다. 다문화마을특구는 증가하는 외국인 주민 수와 더불어 여러 나라의 문화가 공존하는 도시로의 안산의 특징을 잘 담아내고 있다. 여러 문화가 혼재된 혼란스럽고 이질적인 슬럼 지역이 되느냐, 여러 문화가 공존하는 상생의 지역으로 거듭나느냐의 갈림길에서 안산시의 장소 자산에 대한 파악과 이를 활용한 지역 발전 전략 수립은 다른 자치단체들의 벤치마킹 대상이 될 정도로 주목을 받고 있다. 2009년 다문화마을특구로 지정되어 다문화적 특징을 살릴 수 있는 사업 구상과 전략으로 2013년에는 안산시의 관광 개발계획과 연계된 사업 수립을 통하여 안산 9경 중 하나로 거듭나게 된 다문화마을특구는 현재 이 도시가 어떠한 위치에 있으며, 앞으로 어떠한 방향으로 나아갈 것인지에 대한 비전 수립이 가장 큰 역할을 하였다고 말할 수 있다. 그리고 이러한 비전 수립의 핵심에는 정확한 장소 자산 파악이 있었다.

장소 자산은 물리적 환경으로 주어지기도 하고 인위적으로 발굴해 낼 수 있는 것이기도 하다. 중요한 것은 다문화 시대 지방정부가 그들이 가지고 있는 문화 다양성의 장소 자산을 어떻게 인식할 것인지에 따라 다른 지역과 차별화된 다문화 공존 지역을 만들어 낼 수 있다는 것이다. 성공한 지역의 장소 자산을 모방하여 활용하는 전략은 독창적이지도 못할뿐더러 실패할 확률이 더 높다. 따라서 지역 발전을 위한 장소 마케팅 전략에서는 경쟁력 있는 장소 자산의 발굴과 구축에 대한 노력이 수반되어야 한다.

같은 외국인 밀집 지역이라 하더라도 서초동 서래마을의 이미지, 리틀 도쿄라 불리는 이촌동 등의 이미지는 조선족이 밀집한 대림동의 이미지와는 사뭇 다르다. 물론 이러한 차별적 이미지의 형성은 각 국가에 대한 선호 이미지에서 비롯된 것이 많다. 그러나 여러 나라의 문화가 공존하는 이태원의 경우 가짜 상품의 유통 살인 사건과 미군들의 폭행 사건 등으로 인하여 부정적 이미지로 얼룩졌던 과거와 비교해 본다면 현재의 이태원은 이전과는 많이 달라졌다는 점을 느낄 수 있다. 즉, 이태원은 이전의 부정적 이미지를 탈피하고 현재는 다양한 문화와 음식과 콘텐츠가 존재하는 장소로 거듭나게 되었다. 인천 차이나타운도 마찬가지이다. 단순히 화교들의 밀집 지역 및 중식당 밀집 지역을 넘어서 현재 인천 차이나타운은 볼거리와 먹거리, 즉 역사와 음식을 연계하여 관광객들의 기호를 충족시킴으로써 지역 발전에 이바지하고 있다.

이러한 점만 미루어보아도 문화적 다양성을 가진 각 지역이 해당 지역의 특색에 맞추어 어떠한 점을 부각시키고 어떠한 기회 요인을 활용하느냐에 따라 지역 발전을 위한 마케팅의 성패가 나뉜다고 할 수 있다. 따라서 무엇을 상품화하여 팔 것인가, 어떠한 장소를 팔 것인가, 장소의 어떠한 점을 팔 것인가에 대한 진지한 고민이 무엇보다 중요하다고 볼 수 있다.

제2절 단기적 목표와 장기적 목표의 조화 필요

대부분의 장소 마케팅 전략들은 단기적 목표와 장기적 목표가 연계되지 않고 근시안적 단기 목표에만 치중하게 된다. 지역 축제, 영화제, 엑스포, 미인선발대회, 특산물 축제, 관광명소 등은 오직 관광객 모집에만 초점을 맞춘다. 지역 발전을 위한 장소 마케팅 전략에서 가장 중요하다고 말할 수 있는 것이 장소 자산이다. 그런데 장소 자산도 시간에 따라 변하기 때문에 이에 맞추어 마케팅 전략도 달라져야 한다. 근시안적 목표에 맞추어 눈앞의 목적 달성에만 치중하다보면 발전도 없이 결국은 퇴화하게 된다. 장기적인 비전을 수립하지 못한 마케팅 전략으로 인하여 장소 자산은 정체성과 경쟁력을 상실할 수도 있다. 따라서 장소 마케팅 전략은 단기적 목표에만 치중하거나 장기적 목표에 대한 의식 없는 전략 마련은 지양하고 단기적 목표와 장기적 목표가 적절히 조화된 비전과 전략을 수립하여야 한다.

다문화마을특구의 경우도 기본적인 인프라 구축을 가장 먼저 실행하여야 할 전략으로 수립하였으며, 이후 단기적으로 끝낼 수 있는 간판 정비 사업이나 조형물 설치 등을 실시하고, 다문화원 건립이나 음식거리 조성 완성 등은 기간을 두고 완성하는 전략을 추진하였다. 또한 어느 정도 계획된 사업이 수립·완성됨에 따라서 다문화마을특구는 그 다음 단계로 안산시의 관광개발종합계획과 연계하여 다문화마을특구 운영 방침 전략을 세우게 되었다. 즉, 해양·문화관광 중심 도시로 거듭나기 위한 안산의 관광종합개발계획에서 도시문화 관광명소 육성을 위하여 다문화 음식거리 투어 육성 사업이 수립된 것이다. 이는 다문화마을특구가 안산의 대표 관광명소로 선정됨과 더불어 외부 관광객 유치 및 홍보 마케팅에서 안산시의 다른 관광명소와 연계된 홍보 마케팅이 가능하다는 것을 의미한다. 따라서 다문화 음식거리 유지와 관광객 유치 부분에서 안산시 차원의 지원이 더욱 확대될 것으로 예상할 수 있다.

이렇게 단기적 목표와 장기적 목표가 혼합되어 사용되면, 그때 그때의 환경 변화나 예산 변화 등에 맞추어 전략 실행의 유연화가 가능해진다. 이렇게 된다면 불필요한 예산 낭비도 막을 수 있고, 더 나은 방향으로 전략이 수정되는 효과도 거둘 수 있다. 또한 기본적인 인프라 구축에 대한 목표 실행 후 다음 단계로 이어질 전략적인 사업 수행에 대한 목표를 세운다면, 전략 수립 시의 환경 변화 반영 가능성이 높아지고 지역 주민들의 의견 수렴 또한 수월해진다. 주민들의 반응을 단계적으로 반영하여 사업을 수립할 수 있기 때문에 이들과의 공감대 형성이나 통합에 관한 좀 더 고차원적인 전략이 시행될 수 있다. 이는 더 나아가 지역 주민과 외국인 주민 간의 마찰을 줄일 수도 있다. 따라서 각 지방정부는 전략을 수립할 때 단기적 전략에만 치우치지 말고 현재의 위치가 어디고 앞으로 어떠한 방향으로 나아가야 할 것인지에 대한 장기적 전략과의 조화를 모색하여야 한다.

제3절 다문화 특색을 살릴 수 있는 콘텐츠의 특이성 및 차별성 필요

앞서 살펴본 다문화마을특구는 전국 최대의 외국인 밀집 지역이라는 특색을 살려 다문화가 공존하는 도시를 만들기 위한 전략을 수립하고 이것이 지역경제 활성화와 주민 통합 및 지역 발전에 이바지할 수 있도록 하였다. 다문화 인프라 구축 사업을 추진하여 외국인주민센터를 건립·활성화시키고, 대중교통 환승센터 설치와 간판 정비 사업을 실시한 것은 지역 이미지 제고에 이바지한 바가 크다고 인정된다. 지역 이미지 제고 노력은 지역 주민과 외국인 주민들과의 지역 발전에 대한 공감대를 형성하게 함으로써 다문화 시대 안산이 다문화 통합 도시, 선도 도시로서의 역할을 할 수 있도록 주민의 참여를 이끌어내는 데 도움이 되었다. 특히 외국인주민센터의 경우 다른 자치단체들이 앞다투어 벤치마킹할 정도로 외국인 주민에 대한 지원에 적극적이며, 운영 프로그램 또한 모범적인 사례라고 평가받고 있다. 다문화 의식 함양을 위하여 다문화마을특구 내 다문화원을 건립하여 지역 주민과 외국인 주민의 소통의 장을 조성하려 하는 점과 다문화 심포지엄의 개최 또한 다문화 공존 도시를 만들기 위한 노력의 일환으로 높이 평가받을 수 있다.

그런데 한계는 다문화 브랜드 특화사업에 있다고 지적할 수 있다.

대부분의 지방자치단체들이 흔히 저지르는 실수는 음식점을 밀집시켜 특화거리를 조성하는 것이다. 사람들은 보고, 듣고, 느끼는 것을 체험하고 싶은 것이지 단순히 음식을 맛보려고 먼 곳까지 방문하지 않는다. 다른 지역과 차별화된 콘텐츠가 필요하다. 대부분의 지방자치단체들도 지역 발전을 위한 사업 발굴에서 음식점을 내세우는 경우가 많은데, 차이나타운 특구의 경우도 중화요리점들을 내세워 거리를 특화시키고 있으나 이는 일회성 방문에 그칠 확률이 많다. 그러므로 인천 차이나타운의 경우는 먹거리와 볼거리를 연계하여 방문객들에게 역사와 음식에 대한 욕구를 충족시켜 주려 노력하고 있다.

다문화마을특구라는 이름에 걸맞게 음식거리는 부수적인 것이 되어야 하고 각국의 명절이나 축제 시기에 맞추어 각국의 축제를 동등하게 연중 주기적으로 열도록 하는 아이디어가 필요하다. 다문화마을특구는 다양한 문화를 만나고 싶어서 방문하는 것이지 단순히 특이한 음식을 맛보려고 방문하는 경우는 드물다. 설사 다문화 음식을 맛보기 위한 방문이었다 할지라도 재방문을 위해서라면 방문객들을 끌어들일 만한 무언가가 더 충족되어야 한다.

다문화마을특구 내 다문화원 건립은 방문객들이 다양한 문화를 체험할 기회를 제공하고 다문화에 대한 이해를 높이기 위하여 교육 프로그램 제공과 외국인 주민을 위한 복지 공간 조성, 외국 식품이나 제품 판매 공간 마련 등이 이루어지는 종합적인 다문화 복합 공간이라 할 수 있다. 다문화원의 건립 취지는 내·외국인 상호 간 다문화에 대한 이해 증진과 공감대 형성이라 할 수 있다. 각국의 문화를 체험할 수 있는 문화원, 어학원, 다문화 체험관 등의 건립은 다문화마을 내에서 각국의 전통과 문화를 적극적으로 체험할 수 있는 기회를 제공해 줄 수 있다. 다문화마을특구가 기존 다문화 지역 도시와 차별화가 되는 것은 결국 다양한 문화를 접할 수 있는 콘텐츠가 얼마나 다양하게 존재하는가에 달려 있다. 따라서 다양한 문화가 공존하는 지역에서 이를 지역 발전에 활용하기 위해서는 문화·예술·환경 디자인 등을 활용한 다양한 콘텐츠의 개발이 필요하다.

제4절 치안 유지 및 지역 주민과의 상생 전략 마련

아무리 매력적인 도시라 해도 치안에 대한 불안이 만연하면 그 장소는 인기를 얻기 힘들다. 일단 사람들의 기억 속에 안전하지 못하다고 인식되면 그 장소를 기피하게 되기 때문이다. 이러한 인식은 가벼운 경범죄보다는 무거운 범죄 등으로 인하여 각인되는 경우가 많다. 일단 한번 각인된 부정적 이미지는 긍정적 이미지로의 탈피가 쉽지 않기 때문에 각 지역은 해당 지역에 대한 부정적 이미지는 줄이고 긍정적 이미지를 높이기 위하여 힘써야 한다. 우리나라에 외국인 주민 수가 증가하면서 외국인 밀집 지역에서 발생하는 범죄 관련 소식들은 외국인 주민에 대한 편견을 갖게 만들며, 이들의 밀집 지역을 기피하게 만든다.

특히 대부분 외국인 밀집 지역은 각국의 범죄 집단이 스며들기 유리하고, 우범지대로 인식되는 경우가 많기 때문에 지방정부는 지역의 치안 유지에 더 힘을 쏟아야 한다. 또한 외국인 주민의 기초 질서 유지 및 시민 의식 함양을 위한 교육에 힘써야 한다. 외국인 주민은 일시적 정주에 따른 애향심 부족으로 인하여 본인들의 거주 지역에서의 질서 유지와 쾌적성 유지에 소극적이다. 또한 문화가 다르다 보니 기본적으로 지켜야 할 질서 의식에 대한 인식 부족으로 인하여 외국인 밀집 지역은 쾌적한 환경 유지에 대하여 골머리를 앓고 있는 실정이다.

남해 독일마을, 서울 이태원, 인천 차이나타운이 관광명소로 부각된 것은 치안이 확보되었기 때문이다. 실제로 다문화마을특구 공청회 과정에서 지역 주민의 요구는 치안 강화 및 쓰레기 문제 해결이었다. 다문화마을특구의 경우도 자체적으로 외국인으로 구성된 순찰대를 운영하여 지역의 치안 유지에 힘쓰고 있으나, 중앙정부 차원에서 외국인 범죄 전담반을 구성하여 다문화 지역이 이러한 우려에서 해방될 수 있도록 돕는 노력이 수반되어야 한다. 이와 관련하여 다문화마을특구에서는 출입국관리사무소에 기초 질서 위반 등 모든 위법 행위의 적발 시 부과되는 과태료 및 범칙금에 대하여 완납 시만 귀국이 가능한 처벌 규정 신설 및 향후 불이익을 받을 수 있음을 각인시키는 사전 기초 질서 교육을 실시해달라는 요청을 해놓은 상태이다.

또한 다문화가 공존하는 도시가 되려면 무엇보다 외국인 주민과 지역 주민 사이의 화합과 어울림이 절실하다. 굴러온 돌이 박힌 돌을 빼듯이 외국인 주민들의 밀집은 쓰레기 문제, 치안 문제, 기초 질서 문제 등을 유발하며, 본래 거주하던 지역 주민의 유출을 초래한다. 이러한 현상이 계속된다면 다문화가 공존하는 도시가 아닌 지역 고유의 특성이 사라지고 정체 불명의 슬럼 지역으로 전락할 가능성이 상당히 커진다. 따라서 이 둘 사이의 중재 역할을 지방정부가 충실히 해내야 한다. 이를 위해서는 시민단체의 도움이 크게 작용할 수 있다. 다문화마을특구의 경우도 시민단체들의 생활, 건강, 인권, 교육 분야 지원과 병행된 행정 지원이 있었기에 외국인 주민이 지역사회에 용해되어 가는 데 도움이 되었다. 다문화마을특구는 세계 각국의 문화가 서로 어우러져 화합을 이루는 장소가 되어야 한다. 어느 한쪽에게 치우치거나 화합과 조화가 없는 단절된 상태는 지역 발전을 저해하고 서로에 대한 빈김만 가져올 뿐이다. 이를 위하여 문화적 다양성을 인정하는 교육 프로그램과 홍보 등이 필요하다. 다문화마을특구가 누구를 위하여 존재하는가 생각해 본다면, 특구의 발전 전략과 사업은 내국인 주민과 외국인 주민의 편의를 모두 도모하면서도 서로에 대한 이해의 폭을 넓히는 기회를 제공해 주는 전략이 함께 수반되어야 한다.

제5절 전략 실행을 위한 충분한 예산 확보 및 적극적인 홍보 필요

지역 발전을 위한 가장 큰 걸림돌은 예산이다. 충분한 재원만 확보되어 있다면 어떠한 사업도 무리 없이 추진 가능하다. 그러나 예산에 제약이 따른다면 지역 발전을 모색할 수 있는 방안도 더 좁아지게 된다. 다문화마을특구의 경우도 비교적 예산이 덜 드는 음식점 특화 사업이나 간판 정비, 만남의 광장 활성화 등을 주된 사업으로 하고, 비교적 비용이 많이 드는 다문화원의 건립은 2013년으로 착공이 미루어지고, 어학원 건립이나 공연, 강연, 세미나 등을 열 수 있는 커뮤니티 하우스 건립, 연중 상시 축제 개최 등은 예산 문제로 인하여 아예 고려하지 못하고 있다. 이로 인하여 관광자원으로 활용할 수 있는 콘텐츠들도 개발되지 못하고 있다.

또한 마케팅에서 주요한 요소 중 하나는 홍보가 된다. 훌륭한 사업을 개발해 놓고도 홍보가 제대로 이루어지지 않으면 성공에 커다란 걸림돌이 된다. 홍보 문제도 예산에 포함되기 때문에 예산 확보 문제와 결부될 수 있으나, 해당 자치단체에 국한된 소극적인 홍보에서 벗어나 전국적인 홍보 방안을 마련하여야 한다. 공공 부문의 장소 마케팅 목적은 지역 활성화 및 경제 활성화이다. 이를 위해서는 많은 방문객이 유입되어야 한다. 입소문을 통하여 찾아오는 방문객들도 있으나 이는 다문화마을특구가 굉장히 다양하고 독특한 콘텐츠들로 가득 채워져 있어 방문객들의 뇌리 속에 강렬하게 인식되었을 때 가능한 것이다. 그 전에는 지역을 알리기 위한 적극적 홍보가 필요하다. 드라마나 영화 제작 지원을 통하여 지역을 홍보하는 방법도 있고, 국제적인 행사의 유치도 홍보의 한 방법이 될 수 있다. 또한 유명 포털이나 대중 매체를 통한 홍보도 적극적인 홍보의 한 방법이 될 수 있으며, 여행사와의 연계를 통하여 관광상품 개발도 지역을 알리는 데 크게 도움이 될 수 있다. 이러한 적극적 홍보 계획은 전략 수립 당시에 반영되어 수립 계획에 포함되어야 할 필요성이 있다.

제6장

결론 및 함의

지금까지 이 연구는 우리나라가 다문화 시대로 접어드는 상황에서 국민 통합 및 사회 통합 차원, 더 나아가 이것이 국가 안보 및 국가 발전과 경쟁력 강화에 도움이 되기 위해서는 지방정부 차원에서의 발전 방안이 필요하다는 관점에서 이들이 부정적 이미지를 벗고 새로운 다문화 도시로 거듭나기 위하여 어떠한 발전 전략 수립과 집행이 시행되어야 하는지를 살펴보았다. 전국 최대의 외국인 밀집 지역이라는 특성을 살려 2009년 5월 다문화마을특구로 지정된 안산시 다문화마을특구는 고유의 지역 정체성을 잘 인식하고 있었고, 이를 토대로 다문화 도시로 나아가기 위한 비전과 목표를 설정하고 있었다. 또한 지역의 강점과 약점, 위기와 기회를 확인하고, 이를 토대로 마케팅 전략을 수립, 실행하였다. 다문화마을특구는 적절한 비전과 목표의 설정을 통하여 다문화 마을이라는 이미지를 개발, 강화하였다는 점에서 좋은 평가를 받을 수 있으나, 지역경제 활성화와 경제 성장이라는 목표를 달성하기에는 부족한 점도 있었다. 규제 특례를 활용하여야 하는 특구의 특성을 살리지 못해 규제 활용 수준이 낮았고, 예산 제약 문제도 사업의 걸림돌이 되었다. 또한 특색 있고 다양한 콘텐츠의 개발이 부족해 다수의 방문객을 끌어들이기에 다소 부족한 점이 있었다.

이 연구에서는 안산시 다문화마을특구에 대한 구체적인 사례 분석을 통하여 비슷한 상황을 겪고 있는 지방정부에 다문화적 지역 특성을 활용한 지역 발전 전략을 제시해 주고자 하였다. 외국인 주민과 지역 주민과의 통합을 이끌어 내고, 나아가 지역 활성화를 위한 발전 전략 수립 노력이 필요하다는 점에 대하여 몇 가지 시사점을 제공해 주자면 다음과 같다.

먼저 효과적인 장소 마케팅이 이루어지려면 장소 자산에 대한 정확한 파악이 선행되어야 한다. 또한 비전과 목표의 수립에서도 장기적 목표와 단기적 목표가 조화를 이루어야 하며, 다문화 특색을 살릴 수 있는 콘텐츠의 특이성 및 차별성이 필요하다는 것이다. 그리고 다문화 공존을 위해서는 마케팅 전략에 지역 주민과의 화합과 어울림 전략이 꼭 필요하며, 전략 실행을 위한 충분한 예산 확보 및 적극적인 홍보가 수반되어야 한다.

현재 다수의 지방정부가 겪고 있는 다문화 시대 공존과 번영 및 통합을 위한 고민들은 지방정부가 적극적인 해결책을 찾아나서야 원만히 해결될 수 있다. 특히 이러한 해결책은 외국인 주민만을 대상으로 해서도 안 되고 지역 주민의 노력만을 기대해서도 안 된다. 다문화 시대에 지역 차원에서의 주민들 간 공존과 통합은 그 파급 효과가 주변 지역 및 국가 전체적으로 확산될 수 있다. 지역 이미지 제고 및 경제 활성화를 위하여 외국인 주민과 지역 주민이 서로 협력하는 과정에서 서로에 대한 이질성은 사라지고 공동 목표 달성 과정에서 우리 모두 우리 지역의 주민이라는 일체감이 형성될 수 있다.

그러므로 이러한 점에서 다문화적 특색은 살리면서도 지역 발전에 이바지할 수 있도록 장소 마케팅을 활용하는 것은 지방정부의 다문화 시대 사회 통합 및 국민 통합과 지역 활성화 및 경제 성장에 커다란 도움이 될 수 있다. 그리고 무엇보다도 외국인 주민이 지역 주민의 일원으로 살아간다는 것은 노동력의 활용이나 문화적 다양성 측면에서도 국격(國格) 제고 및 국민 통합과 국가 발전에 크게 도움이 되는 일이라 할 수 있다. 따라서 제2, 제3의 다문화마을특구가 지정되고 이들이 다문화 공존 및 번영의 장으로써 국민 통합과 국가 발전에 도움이 되기 위해서는 지방정부가 다문화적 특색에 대한 마케팅에 관심을 갖고 이를 적극 활용하려는 노력이 필요하다.

[부록] 안산시 인구 현황

1) 안산시 동별 외국인 현황(2013년 3월 현재)

(단위: 명)

구분	합계			내국인				외국인		
	인구			세대	인구			인구		
	계	남	여	계	계	남	여	계	남	여
	759,160	391,733	367,427	282,243	714,733	366,141	348,592	44,427	25,592	18,835
상록구	389,054	197,985	191,069	150,322	381,858	194,474	187,384	7,196	3,511	3,685
일동	27,932	14,264	13,668	11,425	27,353	14,023	13,330	579	241	338
이동	30,917	16,222	14,695	14,163	29,437	15,509	13,928	1,480	713	767
사1동	39,393	20,233	19,160	16,890	38,514	19,823	18,691	879	410	469
사2동	36,391	18,497	17,894	12,706	36,118	18,379	17,739	273	118	155
사3동	21,242	11,126	10,116	7,103	20,383	10,592	9,791	859	534	325
본오1동	44,066	22,510	21,556	17,818	43,032	21,967	21,065	1,034	543	491
본오2동	32,502	16,133	16,369	12,049	32,154	15,982	16,172	348	151	197
본오3동	25,352	12,649	12,703	9,967	24,778	12,367	12,411	574	282	292
부곡동	23,303	11,873	11,430	9,022	23,017	11,769	11,248	286	104	182
월피동	46,689	23,632	23,057	17,503	46,297	23,484	22,813	392	148	244
성포동	30,032	14,819	15,213	9,709	29,951	14,789	15,162	81	30	51
반월동	21,189	10,838	10,351	8,067	20,877	10,650	10,227	312	188	124
안산동	10,046	5,189	4,857	3,900	9,947	5,140	4,807	99	49	50
단원구	370,106	193,748	176,358	131,921	332,875	171,667	161,208	37,231	22,081	15,150
와동	46,838	24,360	22,478	19,406	45,825	23,913	21,912	1,013	447	566
고잔1동	24,135	12,065	12,070	9,207	23,667	11,880	11,787	468	185	283
고잔2동	25,381	12,627	12,754	9,630	25,199	12,543	12,656	182	84	98
호수동	44,968	22,675	22,293	14,734	44,742	22,557	22,185	226	118	108
원곡본동	50,656	27,476	23,180	15,340	32,653	17,646	15,007	18,003	9,830	8,173
원곡1동	14,434	7,633	6,801	4,296	9,355	4,903	4,452	5,079	2,730	2,349
원곡2동	16,990	8,518	8,472	5,323	16,895	8,469	8,426	95	49	46
초지동	54,891	30,568	24,323	17,693	47,810	24,439	23,371	7,081	6,129	952
선부1동	19,326	9,841	9,485	7,463	18,107	9,256	8,851	1,219	585	634
선부2동	27,784	15,024	12,760	11,390	24,519	13,350	11,169	3,265	1,674	1,591
선부3동	37,261	19,029	18,232	13,743	36,731	18,811	17,920	530	218	312
대부동	7,442	3,932	3,510	3,696	7,372	3,900	3,472	70	32	38

자료: 안산시 통계(http://stat.iansan.net/00_main/index.jsp).

2) 안산시 국적별 외국인 현황(2013년 4월 현재)

(단위: 명)

연번	국적별	계	단순 기능 인력	결혼 이민자	유학·연수	전문 인력	외국 국적 동포	방문 등 기타
계		56,228	29,137	5,313	725	515	10,869	9,669
		100%	51.82%	9.45%	1.29%	0.92%	19.33%	17.20%
1	한국계 중국인	33,395	18,276	1,513	8	2	9,043	4,553
	중국	6,902	332	2,246	396	195	0	3,733
2	우즈베키스탄	4,235	3,377	64	4	4	638	148
3	베트남	2,593	1,561	758	13	43	0	218
4	인도네시아	1,321	1,262	22	7	9	1	20
5	한국계 러시아인	1,034	272	20	0	0	684	58
	러시아(연방)	129	4	34	2	3	0	86
6	필리핀	1,016	772	144	1	30	0	69
7	네팔	689	591	16	1	9	0	72
8	스리랑카	599	575	10	0	0	0	14
9	방글라데시	517	451	12	8	2	0	44
10	타이	495	413	58	2	0	0	22
11	몽골	473	298	71	43	4	0	57
12	캄보디아	430	374	43	2	0	0	11
13	미국	385	0	22	1	103	235	24
14	파키스탄	337	92	33	89	3	0	120
15	카자흐스탄	275	133	8	4	0	117	13
16	일본	226	0	163	6	15	7	35
17	미얀마	209	187	2	3	0	0	17
18	나이지리아	124	3	5	12	1	0	103
19	캐나다	107	0	12	0	25	64	6
20	키르기스스탄	101	70	11	0	0	16	4
21	카메룬	97	0	0	70	0	0	27
22	인도	74	5	6	19	14	0	30
23	타이완	73	0	4	0	1	1	67
24	우크라이나	52	51	0	0	0	1	0

25	우간다	45	0	1	1	0	0	43
26	뉴질랜드	36	0	2	0	8	25	1
27	영국	25	0	4	0	16	3	2
28	오스트레일리아	23	0	3	0	5	15	0
29	타지키스탄	20	16	1	0	0	3	0
30	콩고민주공화국	17	0	1	0	0	0	16
31	프랑스	12	0	1	1	1	1	8
32	남아프리카 공화국	11	0	2	0	9	0	0
33	티모르 민주공화국	11	11	0	0	0	0	0
34	독일	10	0	1	2	2	5	0
35	에티오피아	10	0	1	0	0	0	9
36	라이베리아	8	0	0	0	0	0	8
37	케냐	8	0	0	2	1	0	5
38	탄자니아	8	0	0	5	0	0	3
39	브라질	7	0	0	5	0	1	1
40	싱가포르	7	0	2	4	0	0	1
41	이란	7	1	3	1	1	0	1
42	멕시코	4	0	2	1	0	0	1
43	가나	4	0	1	1	0	0	2
44	아일랜드	4	0	0	0	4	0	0
45	스웨덴	3	0	1	0	0	1	1
46	코트디부아르	3	0	0	1	0	0	2
47	폴란드	3	0	1	0	2	0	0
48	사우디아라비아	3	0	0	1	0	0	2
49	홍콩	3	0	1	0	0	1	1
50	벨기에	2	0	0	0	1	1	0
51	볼리비아	2	0	0	2	0	0	0
52	소말리아	2	0	0	0	0	0	2
53	수단	2	0	0	0	0	0	2
54	시리아	2	0	0	0	0	0	2
55	칠레	2	0	1	1	0	0	0

56	네덜란드	2	0	0	1	0	1	0
57	말레이시아	2	0	1	1	0	0	0
58	불가리아	2	0	0	0	2	0	0
59	페루	2	0	1	0	0	0	1
60	모로코	1	0	1	0	0	0	0
61	과테말라	1	0	1	0	0	0	0
62	라오스	1	0	1	0	0	0	0
63	르완다	1	0	0	0	0	0	1
64	덴마크	1	0	0	0	0	1	0
65	벨로루시	1	0	1	0	0	0	0
66	보츠와나	1	0	0	0	0	1	0
67	아랍에미리트연합	1	0	0	1	0	0	0
68	아르헨티나	1	0	1	0	0	0	0
69	체고	1	0	0	1	0	0	0
70	콜롬비아	1	0	0	1	0	0	0
71	터키	1	0	0	1	0	0	0
72	세네갈	1	1	0	0	0	0	0
73	스페인	1	0	0	0	0	1	0
74	콩고	1	0	0	0	0	0	1
75	무국적	13	9	0	0	0	2	2

자료: 안산시 통계(http://stat.iansan.net/00_main/index.jsp).

3) 안산시 단원구 외국인 현황(2013년 4월 기준) (단위: 명)

연번	국적명	계	단순 기능 인력	결혼 이민자	전문 인력	유학 · 연수	기업 투자	방문 등 기타	외국 국적 동포
계		46,991	25,679	3,800	298	290	115	7,839	8,970
		100%	54.65%	8.09%	0.63%	0.62%	0.24%	16.68%	19.09%
1	한국계 중국인	28,965	16,072	1,147	2	3	5	3,914	7,822
	중국	5,407	290	1,775	119	134	20	3,069	
2	우즈베키스탄	3,387	2,777	30	1	2	2	99	476
3	베트남	2,076	1,439	466	33	4	0	134	
4	인도네시아	1,242	1,204	16	5	1	1	14	1
5	필리핀	887	738	76	12	1	2	58	
6	한국계 러시아인	592	158	7	0	0	0	4	423
	러시아(연방)	57	2	16	1	0	0	38	
7	네팔	638	550	10	8	1	11	58	
8	스리랑카	550	527	9	0	0	1	13	
9	방글라데시	490	436	9	0	4	11	30	
10	타이	409	364	31	0	1	2	11	
11	캄보디아	370	345	17	0	2	0	6	
12	몽골	365	271	35	0	23	1	35	
13	파키스탄	199	84	20	1	4	12	78	
14	미얀마	193	180	0	0	2	0	11	
15	카자흐스탄	186	108	6	0	3	0	11	58
16	미국	184	0	11	53	1	0	11	108
17	일본	112	0	79	10	2	11	8	2
18	나이지리아	105	3	4	0	10	30	58	
19	카메룬	90	0	0	0	64	0	26	
20	키르기스스탄	80	58	7	0	0	0	3	12
21	캐나다	62	0	5	13	0	1	2	41
22	인도	53	4	3	10	16	3	17	
23	우간다	43	0	1	0	1	0	41	
24	우크라이나	38	37	0	0	0	0	0	1
25	타이완	34	0	2	1	0	0	31	

26	타지키스탄	19	15	1	0	0	0	0	3
27	뉴질랜드	14	0	1	3	0	0	0	10
28	콩고민주공화국	14	0	0	0	0	0	14	
29	오스트레일리아	11	0	2	3	0	0	0	6
30	에티오피아	9	0	1	0	0	0	8	
31	영국	9	0	2	5	0	0	0	2
32	티모르 민주공화국	9	9	0	0	0	0	0	
33	라이베리아	8	0	0	0	0	0	8	
34	케냐	8	0	0	1	2	0	5	
35	프랑스	8	0	1	1	1	1	4	
36	남아프리카 공화국	7	0	0	7	0	0	0	
37	무국적	6	6	0	0	0	0	0	
38	탄자니아	6	0	0	0	3	0	3	
39	가나	4	0	1	0	1	0	2	
40	아일랜드	4	0	0	4	0	0	0	
41	이란	4	1	1	1	0	0	1	
42	독일	3	0	0	1	0	0	0	2
43	스웨덴	3	0	1	0	0	0	1	1
44	코트디부아르	3	0	0	0	1	0	2	
45	폴란드	3	0	1	2	0	0	0	
46	벨기에	2	0	0	1	0	0	0	1
47	볼리비아	2	0	0	0	2	0	0	
48	소말리아	2	0	0	0	0	0	2	
49	수단	2	0	0	0	0	0	2	
50	시리아	2	0	0	0	0	0	2	
51	싱가포르	2	0	1	0	0	0	1	
52	칠레	2	0	1	0	1	0	0	
53	과테말라	1	0	1	0	0	0	0	
54	라오스	1	0	1	0	0	0	0	
55	르완다	1	0	0	0	0	0	1	
56	멕시코	1	0	1	0	0	0	0	
57	모로코	1	0	1	0	0	0	0	

58	브라질	1	0	0	0	0	0	1	
59	세네갈	1	1	0	0	0	0	0	
60	스페인	1						0	1
61	콩고	1	0	0	0	0	0	1	
62	페루	1	0	0	0	0	1	0	
63	홍콩	1	0	0	0	0	0	1	

자료: 안산시 통계(http://stat.iansan.net/00_main/index.jsp).

참고 문헌

국내 문헌

공자원 · 노시학 (1999). 장소 마케팅의 등장배경, 개념 및 유형에 관한 고찰. 『관광지리학』, 11: 119-137.

김생수 (2007). 지역활성화를 위한 지방정부의 장소 마케팅 전략: 영월군 박물관을 중심으로. 『지방행정연구』, 21(1): 201-228.

김형호 (2003). 장소 판촉적 지역 발전을 위한 장소자산 형성에 관한 연구. 『국토연구』, 36: 77-95.

노시평 (2004). 공공부문의 마케팅에 관한 연구. 『한국거버넌스학회보』, 11(2): 283-305.

노시평 외 (2000). 행정서비스마케팅. 서울: 법문사.

노시평 · 정헌영 (2004). 공공부문의 마케팅: 연구 동향, 적용가능성 및 한계. 「한국행정학회 학술대회 발표논문집」.

박난순 · 이석환 · 주효진 (2005). 장소마케팅 전략을 활용한 지역 발전: 부천시를 대상으로. 『한국사회와 행정연구』, 16(2): 341-362.

박복재 · 우진경 (2011). 『매력있는 삶의 공간을 창조하는 도시브랜드 마케팅』. 광주: 전남대학교출판부.

박천응 (2007). 한국적 다문화 운동의 실천: 안산 국경 없는 마을운동을 중심으로. 한국사회학회.

박홍식 (1997). 정부마케팅연구: 내용과 성과 그리고 한계. 『한국행정학회 동계학술대회 발표논문집』, 12: 1-16.

백선혜 (2005). 『장소성과 장소마케팅』. 고양: 한국학술정보.

송민혜 · 양승범 (2012). 국민 통합을 위한 장소 마케팅: 안산시 다문화마을특구의 사례. 『한국보훈논총』, 11(1), 181-208.
신혜란(1998). 장소마케팅전략 형성과정에 대한 비교연구. 『국토연구』, 33(6): 285-301.
안산시(2011). 『안산시사』 제6권: 현대 안산의 변화와 발전.
———(2012). 『2012년도 지역특구 운영성과 보고서』.
안산시 외국인주민센터(2010a). 『외국인주민센터 소개』.
———(2010b). 『안산시 다문화마을특구 소개』.
———(2011). 『2011년 다문화마을특구 상권 및 인구동향』.
———(2012). 『2012년 다문화마을특구 상권 및 인구동향』.
———(2013). 『2013년 1월 등록 외국인 현황』.
안산시 통계 (http://stat.iansan.net/00_main/index.jsp) (검색일 2013.4.23)
인천 차이나타운(2013). 차이나타운역사(http://www.ichinatown.or.kr/introduction/history.asp)
오남현(2008). 도시지역의 장소마케팅 분석: 포항불빛축제를 사례로. 『도시행정학보』, 21(1): 287-308.
유동성(2007). 『지방정부 마케팅론』. 서울: 신아출판사.
이무용(2006a). 장소마케팅 전략의 문화적 개념과 방법론에 관한 고찰. 『대한지리학회지』, 41(1): 39-47.
———(2006b). 『지역발전의 새로운 패러다임, 장소마케팅 전략』, 서울: 논형.
이수범(2004). 도시 이미지 제고를 위한 장소마케팅 전략: 인천을 중심으로. 『커뮤니케이션학 연구』, 12-1: 56-83.
이희연(2005). 세계화시대의 지역연구에서 장소마케팅의 의의와 활성화 방안. 『한국도시지리학회지』, 8(2): 35-53.
이효재(2008). 부산국제영화제를 통한 장소마케팅 전략 탐색: 장소마케팅의 성공 요인을 중심으로. 『한국행정논집』, 20(3): 743-766.
전신욱·신윤창(2004). 장소마케팅을 통한 지방도시의 발전에 관한 연구. 『한국정책과학학회보』, 8(1): 26-45.
중소기업청 지역특화발전특구(http://www.mke.go.kr/sezone)
필립 코틀러. 이종영 옮김(1997). 『내 고장 마케팅』. 서울: 삼영사.
필립 코틀러·낸시 리, 이진원 옮김(2007). 『필립 코틀러의 퍼블릭 마케팅』. 서울: 위즈덤하우스.

국외 문헌

Ashworth, G. & Voogd, H. (1990). *Selling the City: Marketing Approaches in Public Sector Urban Planning.* London: Belhaven Press.

Avraham, E. (2003). Campaigns for promoting and marketing cities in israel. Jerusalem. The Floersheimer Institute for Policy Studies.

Bassett, K. (1993). Urban Cultual Strategies and Urban Regeneration: A case study and critiqe. Environment and Planning A 25, 1773-1788.

Butler, P. & Collins, N. (1994). Political Marketing:structure and process. *European journal of Marketing*, 28(1): 19-34.

Eli, A. & Eran, K. (2008). *Media strategies for marketing place in crisis.* Burlington. MA: Butterworth-Heinemann.

Enis, B. M. (1981). Government as marketers: Issues of management and public policy. In M. P. Mokwa & S. E. Permut (eds.), *Government marketing—Theory and practice*, New York, NY: Praeger Publishers.

Felsenstein, D. (1994). The enterprising city: promoting economic dev-elopment at the local level. The Floershimer Institute for Policy Studies.

Gold, J. R. & Ward, S. V. (eds) (1994). *Place promotion: the use of publicity and marketing to sell towns and regions.* Chichester: Whiley.

Goodwin, M. (1993). The City as Commodity:the contested space of urban development. In: Kearns & Philo(eds.). *Selling Place: The city as Cultural Capital and Past and Present.* Oxford: Pergamon Press.

Griffith, P. (1995). Cultural Strategies and New Modes of Urban Intervention. *Cities*, 24(1): 253-265.

Hanson, S. (1996). The new urban order: urban coalitions in israel. The Floershimer Institute for Policy Studies.

Holcomb, B. (1993). Revisioning place: de-and re-constructing the image of the industrial city. In: Kearns & Philo(eds.). *Selling Place: The city as Cultural Capital and Past and Present*. Oxford: Pergamon Press.

Huysseune, M. (2003). Institutions and Their Impact on Social Capital and Civic Culture: The Case of Italy. In: M. Hooghe, & D. Stolle(eds.). *Generating Social Capital: Civil society and Institutions in Comparative*, New York: Palgrave Macmillan.

Kearns G. & Philo, C. (1993). Culture, history, capital: A critical introduction to the selling. In: Kearns & Philo(eds.). *Selling Place: The city as Cultural Capital and Past and Present*. Oxford: Pergamon Press.

Kotler, P. (1985). *Pricipal of Marketing*. Prentice Hall.

Kotler, P., Haider, D. H., & Reing, I. (1993). *Marketing place: Attracting Investment, Industry, and Tourism to Cities, States and Nation*. The Free Press: Macmillan, Inc.

Letki, Natalia (2006). Investigating the Roors of Civic Morality: Trust, Social Capital, and Institutional Performance. *Political Behavior*, 28(4): 305-325.

Mokwa, M. P. (1981). Government marketing: An inquiry into theory, process, and perspective. In M. P. Mokwa & S. E. Permut(eds.), *Government marketing —Theory and practice*. New York, NY: Praeger Publishers.

Paddison, R. (1993). City marketing, image reconstruction and urban regeneration. *Urban Studies*, 30(2): 339-350.

Short, J. R., Breitbach, S., Buckman, S. & Essex, J. (2000). From world cities to gateway cities. *City*, 4(3): 317-340.

Ward, S. V. (1998). *Selling Place: the marketing and promotion of towns and cities 1850-2000*. E&FN Spon.

Walsh, K. (1994). Marketing and public sector management. *European Journal of Marketing*, 28: 63-71.

Yin, R. K. (1989). *Case Study Research*. London: Sage.

찾아보기

ㄹ

ㅁ

ㅂ

ㅈ

ㅊ

ㅌ

ㅍ

ㅎ

저자 소개

송민혜(宋旻惠)

- 건국대학교 행정문제연구소 전임연구원(현재)
- 건국대학교(행정학 학사 · 석사)
- 건국대학교(행정학 박사 수료)

[주요 연구]

한국 지방공무원의 감정노동(emotional labor)에 관한 연구, 동기부여와 직무 만족의 관계에 관한 연구: 지방공무원을 대상으로, 국민통합을 위한 장소 마케팅: 안산시 다문화마을특구의 사례 등

양승범(梁承汎)

- 건국대학교 행정학과 교수(현재)
- 한양대학교 행정학과(행정학 학사)
- 미국 플로리다주립대학교(행정학 박사)
- 미국 캘리포니아주립대학교 조교수 역임

[주요 연구]

Political Efficacy and Political Trust Among Marriage Immigrants in South Korea, Factors Leading to Corrections Officers' Job Satisfaction, Understanding Challenges and Opportunities in the Nonprofit Sector in Korea, The Effectiveness of Self-Managed Work Teams in Government Organizations 등

[주요 저서]

공공조직론, 리더와 리더십, 행정통제론 외

[주요 경력]

한국행정학회 이사, 한국정책학회 이사, 한국지방자치학회 이사

권용수(權龍洙)

- 건국대학교 행정학과 교수(현재)
- 한국외국어대학교(행정학 학사)
- 미국 시라큐스대학교(행정학 석사)
- 미국 뉴욕주립대학교(행정학 박사)

[주요 연구]

Economic Development, the Evolution of Foreign Labor and Immigration Policy, and the Shift to Multiculturalism in South Korea, Paths for Effective Innovation in the Public Sector: Based on Korean Public Employees' Recognition, Public Employees' Perceived Effectiveness of Performance Management System in Korean Government, 선택적 복지제도가 공무원의 조직행태에 미치는 영향에 관한 연구 등.

[주요 경력]

한국행정연구원 수석연구원, 한국행정학회 편집위원, 한국정책학회 편집위원, 정부혁신지방분권위원회 전문위원, 한국인사행정학회 총무위원장 등 역임.

다문화 시대의 지역 발전과 장소 마케팅

펴낸날 / 제1판 제1쇄 2013년 6월 1일
지은이 / 송민혜 · 양승범 · 권용수
펴낸이 / 임춘환
펴낸곳 / 도서출판 대영문화사
주소 / 서울 용산구 청파동 1가 178-2 ㊭ 140-869
등록 / 1975년 12월 26일 제3-16호
전화 / (02)716-3883, (02)714-3062
FAX / (02)703-3839
홈페이지 / http://www.dymbook.co.kr

ISBN 978-89-7644-448-6
ISBN 978-89-7644-447-9(세트)

〔값 10,000원〕